PAPA

COMÉDIE

Représentée pour la première fois, à Paris, sur le théâtre du Palais-Royal,
le 16 décembre 1879.

IMPRIMERIE GÉNÉRALE DE CHATILLON-SUR-SEINE, JEANNE ROBERT.

PAPA

COMÉDIE

EN TROIS ACTES

PAR

ALBERT VANLOO & EUGÈNE LETERRIER

PARIS

CALMANN LÉVY, ÉDITEUR

ANCIENNE MAISON MICHEL LÉVY FRÈRES

RUE AUBER, 3, ET BOULEVARD DES ITALIENS, 15

A LA LIBRAIRIE NOUVELLE

—

1880

PERSONNAGES

MOUTONNET.	MM.	MONTBARS.
BOMBONNEL.		DAUBRAY.
RIFOLET.		MILHER.
GIFFLARDIN.		PELLERIN.
SAVINIEN		RAYMOND.
RAMAJOU.		MUNIÉ.
LUCIENNE.		E. LEMERCIER.
ISAURE.		{ RAYMONDE. { DÉZODER.
FRANÇOISE		ALICE LAVIGNE.

Pour la mise en scène détaillée, s'adresser à M. R. LUGUET,
régisseur général, au théâtre du PALAIS-ROYAL.

PAPA

ACTE PREMIER

Un salon à la campagne, chez Bombonnel. — Portes au fond, à droite et à gauche
Une bibliothèque au fond, à droite. Guéridon, sièges.

SCÈNE PREMIÈRE

RAMAJOU, FRANÇOISE, puis BOMBONNEL.

Au lever du rideau, Françoise, debout sur un marchepied, est occupée à ranger
dans la bibliothèque des livres que Ramajou lui passe au fur et à mesure.

FRANÇOISE*.

J.-J. Rousseau, 19, 20, 21... Et il y en a encore... Ah ! monsieur Ramajou ! il en a écrit ce J.-J. Rousseau !

RAMAJOU.

Oui, mademoiselle Françoise... c'était un maître.

Il lui passe d'autres livres qu'il prend dans un panier à gauche.

* Ramajou, Françoise.

1

FRANÇOISE, les rangeant.

Voltaire, 64, 65, 66...

RAMAJOU.

Voltaire ! Encore un maître !

FRANÇOISE.

Vous l'avez lu ?

RAMAJOU.

Non... mais j'en ai beaucoup entendu parler... au moment du centenaire.

Il lui passe d'autres livres.

FRANÇOISE, les prenant.

Pascal... (Avec dédain.) Oh ! celui-là, il est moins connu...

RAMAJOU.

Aussi, vous voyez, il n'a fait que deux volumes... tout petits...

FRANÇOISE.

Oui... il ne travaillait pas beaucoup... C'était un paresseux !... (Prenant d'autres livres que Ramajou lui passe.) *Paul de Kock...* (Avec élan.) Ah ! monsieur Ramajou ! Paul de Kock ! je le connais ! je le connais !

Elle a quitté son marchepied et descend en scène.

RAMAJOU.

Moi aussi ! Pas sérieux, mais joliment amusant. (Regardant es titres des livres qu'elle tient.) *Gustave le mauvais sujet...*

FRANÇOISE, même jeu.

Le Tourlourou, le Co...

RAMAJOU, illuminé.

Oh ! oui !

Il lui prend la taille. Françoise en se défendant laisse tomber les livres.

FRANÇOISE.

Allons bon ! le v'là par terre ! (Voyant paraître Bombonnel.) Ah ! monsieur !

RAMAJOU.

Le bourgeois !

Ils remontent vivement.

BOMBONNEL, arrivant par la gauche. Il porte une banquette sur la tête *.

Eh bien ! ça avance-t-il ?

RAMAJOU.

Vous voyez ! nous rangeons.

FRANÇOISE.

Mais il y en a tant !...

BOMBONNEL, posant sa banquette.

Allons, je vais vous donner un coup de main... je porterai mes banquettes plus tard... Il faut que le salon soit au plus vite en état, car j'attends aujourd'hui le fiancé de ma fille et son père.

RAMAJOU.

Bon ! bon ! on va se dépêcher...

BOMBONNEL, lui tendant des livres.

Tenez, Ramajou...

FRANÇOISE, vivement.

Pas ceux-là, monsieur !... nous en sommes à *Paul de Kock.*

BOMBONNEL, mettant les livres dans la bibliothèque.

Oh ! moi, je les mets au hasard... Pour le monde il me fallait une bibliothèque, mais je ne lis jamais...

RAMAJOU, étonné.

Ah !

* Bombonnel, Ramajou, Françoise.

4   PAPA

Monsieur a tort ! Ça forme !

BOMBONNEL, qui est allé prendre d'autres livres dans le panier.

Oui... mais ça prend du temps... Et moi, je suis un homme
de travail... (Descendant en scène *.) Tel que vous me voyez, je
suis venu de Romainville à Paris, à pied et en sabots... J'é-
tais alors simple ouvrier menuisier... et, en quatre ans, je
suis devenu entrepreneur !

FRANÇOISE.

C'est superbe !

BOMBONNEL.

Et, dix ans après, je me retirais dans une maison à moi,
construite par moi, ici, à Chartres... Une ville qui, j'ose le
dire, n'a pas la cathédrale de tout le monde.

FRANÇOISE.

Et monsieur est modeste. Il ne dit pas que les Chartrains
l'ont nommé maire de leur ville.

BOMBONNEL.

Pourquoi ?... Parce qu'ils savent que je suis un travailleur.

RAMAJOU.

C'est vrai.

BOMBONNEL.

Et moi, pourquoi ai-je été accepté ?... Toujours parce
que je suis un travailleur. La mairie avait besoin de répa-
rations... Les parquets de la salle des mariages étaient en
mauvais état. Je me suis dit : Je leur arrangerai ça pour
rien, à mes moments perdus... Et je me suis laissé nommer...

* Ramajou, Bombonnel, Françoise.

RAMAJOU.

Ah ! monsieur Bombonnel, les hommes comme vous, ce n'est pas maires qu'on devrait les nommer, c'est députés..

FRANÇOISE.

Parfaitement. Je vois monsieur à la tribune !

BOMBONNEL.

Oh ! non ! La députation, jamais !

RAMAJOU.

Pourquoi ?

BOMBONNEL, modestement.

La chambre a ses entrepreneurs.

FRANÇOISE.

C'est dommage !

BOMBONNEL.

Oh ! je le regrette !... mais enfin... (Il remonte à la bibliothèque et y met les livres qu'il tenait.) Là ! voilà qui est fait... (S'éloignant et examinant la bibliothèque.) C'est que ça a très bonne mine.

RAMAJOU.

Et pas cher... Cinquante centimes l'un dans l'autre... C'est une occasion que j'ai eue dans une vente.

BOMBONNEL.

Et dont je me suis empressé de profiter... Il y a déjà quelque temps que j'avais fait le meuble moi-même, il ne s'agissait plus que de le meubler... C'est fait... (Se rapprochant de la bibliothèque.) Mais non, ce n'est pas fait !... Il y a encore en bas un rayon de vide... Sapristi !... (A Ramajou.) Vous n'avez plus rien chez vous ?...

RAMAJOU.

Si... j'ai encore *Cicéron* et le *Voyage du jeune Anacharsis...*

BOMBONNEL.

Est-ce meublant ?

RAMAJOU.

Oh ! très meublant... Je vous apporterai ça tantôt ou demain...

BOMBONNEL.

C'est ça... Au revoir, Ramajou.

RAMAJOU.

Au revoir, monsieur Bombonnel...

FRANÇOISE, lui secouant la main avec énergie.

Sans adieu !

Ramajou s'en va par le fond.

BOMBONNEL.

Et maintenant je vais placer mes banquettes pour dîner
dans le jardin, sous la tente...

Il s'apprête à reprendre la banquette qu'il portait en entrant. — On entend un chien aboyer au dehors.

LUCIENNE, dans la coulisse.

A bas, Médor !... à bas !

BOMBONNEL.

Allons bon ! Lucienne qui se dispute avec Médor !

FRANÇOISE.

Dame ! depuis ce matin, mademoiselle court après les papillons... ça l'agace, ce chien... c'est tout naturel... (Voyant paraître Lucienne.) Comme elle est faite !... Est-il Dieu possible !

Elle sort par le fond dès que Lucienne est entrée.

SCÈNE II

BOMBONNEL, LUCIENNE.

LUCIENNE, accourant tout essoufflée et les cheveux à moitié défaits. Elle tient à la main un filet à papillons *.

Bonjour, père chéri !... Figure-toi que je suis furieuse : je reviens bredouille... Comprends-tu ça ?

BOMBONNEL, qui la contemple.

Vraiment ?

LUCIENNE.

Complétement bredouille... et par la faute de Médor, qui courait tout le temps après moi.

BOMBONNEL.

Mademoiselle, il faut que je vous gronde... On ne va pas à la chasse aux papillons un jour comme celui-ci...

LUCIENNE.

Quel jour donc ?

BOMBONNEL.

Quel jour ? Elle le demande !... Le jour où doit se décider ton mariage.

LUCIENNE.

Ah bien !... ce mariage-là, ça ne compte pas.

BOMBONNEL.

Comment, ça ne compte pas !

LUCIENNE.

Dame ! Savinien n'est-il pas mon ami d'enfance ?... De-

* Bombonnel, Lucienne.

puis l'âge de huit ans, il est convenu que nous devons être mari et femme... On attendait qu'il fût avocat... Il l'est...
On va nous unir... ça va tout seul...

BOMBONNEL.

Mais non, ça ne va pas tout seul... Ton futur beau-père, M. Rifolet, est un original, un homme qui a la manie des voyages, toujours par voies et par chemin... il a même rendu sa pauvre femme assez malheureuse... Avec son caractère, je crains qu'il ne nous fasse des difficultés au sujet de la dot.

LUCIENNE.

Comment !... puisque tu me donnes cent mille francs.

BOMBONNEL.

Je te donne cent mille francs, mais je ne te les donne pas en argent... je te les donne en terre !

LUCIENNE.

On dit que c'est plus sûr.

BOMBONNEL.

Oui... mais les miennes sont dans les Landes.

LUCIENNE, désappointée.

Ah !

BOMBONNEL.

Oh ! pour un homme intelligent, cela ne ferait rien, au contraire... Parce que maintenant avec le progrès, les procédés dont on dispose... mais Rifolet voudra-t-il le comprendre ?

LUCIENNE.

Mais oui ! mais oui ! il comprendra.

BOMBONNEL.

Espérons-le, ma fille !... En attendant, va te faire belle pour recevoir ton futur.

LUCIENNE.

Oui.

BOMBONNEL.

Moi, je vais tâcher d'en finir avec ces banquettes.

Bombonnel sort par le fond, sa banquette sur la tête.

LUCIENNE.

Allons, dépêchons-nous, Savinien et son père vont arriver, je n'ai que le temps tout juste.

Elle reprend son filet à papillons et s'apprête à s'en aller, au moment où entre Moutonnet.

SCÈNE III

LUCIENNE, MOUTONNET.

MOUTONNET, entrant par la gauche.

Personne pour m'annoncer. (Apercevant Lucienne.) Ah ! (Il fait quelques pas.) Mademoiselle ?

LUCIENNE, se retournant [*].

Un étranger !

Elle cherche à dissimuler son filet.

MOUTONNET.

Pardon, mademoiselle... M. le maire, s'il vous plaît ?

LUCIENNE.

Monsieur le maire, c'est papa... Si vous voulez vous donner la peine d'attendre...

MOUTONNET.

Certainement.

LUCIENNE.

Je vous demande pardon de ne pas vous tenir compagnie, monsieur, mais vous voyez, je ne suis pas présentable.

[*] Moutonnet, Lucienne.

MOUTONNET, protestant.

Oh !

LUCIENNE.

Non ! non ! pas présentable du tout !... (Avec une révérence.) Monsieur...

Elle se sauve par la droite.

SCÈNE IV

MOUTONNET, puis BOMBONNEL.

MOUTONNET, la regardant s'éloigner.

Exquise, cette petite !... Un Greuze ! (Avec un soupir.) Ah ! mon rêve !... Enfin... attendons son papa...

BOMBONNEL, revenant par la gauche avec une nouvelle banquette. Il est en manches de chemise et tient sa redingote sous le bras *.

J'avais trop chaud... j'ai ôté ma redingote.

Il la pose sur une chaise et en se retournant heurte avec sa banquette Moutonnet qu'il n'a pas vu.

MOUTONNET, avec un cri de douleur.

Ah ! prenez donc garde ! butor !

BOMBONNEL.

Butor !... (A part.) Qu'est-ce que c'est que celui-là ?

MOUTONNET, à part.

Il a une bonne figure... Le jardinier sans doute. (Haut.) Dites-moi, mon brave, je voudrais parler à votre maître... Allez le prévenir, je suis un peu pressé...

Il lui glisse cinq francs dans la main.

* Bombonnel, Moutonnet.

BOMBONNEL.

Hein !... cinq francs !... Ah çà ! pour qui me prenez-vous ?

MOUTONNET.

Vous n'êtes donc pas le jardinier ?

BOMBONNEL.

Le jardinier !... Je suis le maire, monsieur !... le maire lui-même...

MOUTONNET.

Le maire !... Ah ! pardon ! pardon !... (A part.) Eh bien ! voilà un beau début ! (Haut, voulant lui prendre sa banquette.) Permettez-moi de vous débarrasser.

BOMBONNEL, se défendant.

Mais...

MOUTONNET, la lui ôtant de force.

Si ! si !... J'ai à vous parler... Asseyez-vous !... Nous serons mieux pour causer...

BOMBONNEL, à part, s'asseyant.

Mais qu'est-ce que c'est que celui-là ?

MOUTONNET.

Monsieur le maire, vous êtes un homme d'esprit, (Bombonne salue.) ça se voit... vous excuserez, j'en suis sûr, le petit malentendu dont je me suis rendu coupable.

BOMBONNEL.

Très volontiers... seulement reprenez vos cent sous...

MOUTONNET.

Oh ! je vous en prie, mes moyens me le permettent...

BOMBONNEL.

C'est possible, mais moi, les miens ne me permettent pas...

MOUTONNET.

Soit! (Il reprend les cent sous.) Maintenant j'irai droit au but de ma visite, car je suis un peu pressé...

BOMBONNEL, se levant.

Moi aussi...

MOUTONNET, se présentant.

Moutonnet, Aristide, célibataire, sans profession... (Le faisant rasseoir.) Je possède une très jolie fortune... Malheureusement, j'ai mal débuté dans la vie.

BOMBONNEL.

Ah!

MOUTONNET.

Oui... Je suis né sur le boulevard des Italiens.

BOMBONNEL.

Moi, monsieur, je suis venu de Romainville à Paris, en sabots...

MOUTONNET, l'interrompant.

C'est ce qui m'a perdu... Si j'étais né rue des Lombards ou rue du Sentier... ou même simplement à Romainville, comme vous, je serais probablement devenu un homme remarquable; mais le voisinage de Tortoni, la proximité des grands clubs et des restaurants à la mode ont eu sur mon avenir une influence déplorable... A vingt ans, je réalisais le type du parfait gommeux!

BOMBONNEL, le saluant.

Monsieur!

MOUTONNET.

Souvenirs pleins de charmes!... Il faut avoir passé par là, monsieur le maire, pour se faire une idée des joies intenses que procure à un jeune homme riche l'oubli complet de ses devoirs.

BOMBONNEL, sévère.

C'est bien! c'est bien!

MOUTONNET.

Les petits soupers, le bac, les duels, les folles amours...
les folles amours surtout... Ah! si c'était à recommencer!...
je recommencerais encore... Seulement, j'enrayerais à
temps... Mon malheur, monsieur le maire, est de n'avoir
pas su enrayer au moment psychologique... J'ai laissé passer
l'heure du mariage et, maintenant, la solitude s'est assise à
mon foyer.

BOMBONNEL.

Je vous plains, monsieur, je vous plains, mais je n'y peux
rien.

Il se lève et fait un pas vers le fond, Moutonnet le retient en étendant
le bras. Bombonnel retombe assis, le dos tourné au public.

MOUTONNET.

C'est ce qui vous trompe, monsieur le maire... vous pouvez tout. Maintenant que j'ai terminé mon préambule,
j'entre dans le cœur du sujet.

BOMBONNEL, énervé, à part.

Qu'est-ce que cet homme-là?... (Haut.) Voyons, monsieur,
dépêchez-vous, j'ai besoin de ma banquette.

MOUTONNET.

Je vais vous la rendre... (Reprenant.) Il y a huit jours, je
rencontre un ami de collège, Chambardier, que je n'avais
pas vu depuis dix ans, et qui, lui, a enrayé à temps... Il
m'invite à dîner...

BOMBONNEL.

Monsieur, est-ce pour écouter votre biographie?...

MOUTONNET, surpris d'entendre la voix venir de derrière lui.

Hein?... (Il se tourne du côté où est Bombonnel. Pendant ce temps
Bombonnel a fait le même mouvement en sens contraire.) Ah çà! où êtes-

vous donc?... (Ils se lèvent tous les deux. Moutonnet le fait rasseoir à califourchon sur la banquette et s'installe de même en face de lui.) Là!... Et restez tranquille!... (Reprenant.) Je fus ponctuel... à six heures et demie, je sonnais chez lui... Il me présente à sa femme... Pas mal, sa femme, mais un peu province, pas de montant!... On dîne... pas mauvais le dîner... mais pas de montant non plus! On prend le café... après le café, il me dit : A présent je vais te montrer mes filles. — Tu as donc des filles? — Tu vas voir... Suis-moi...

Il se lève et passe à gauche *.

BOMBONNEL, froissé.

Oh! monsieur!... tout... excepté ça!

MOUTONNET.

Mais non; c'est Chambardier qui parle!... Il ouvre une porte et, au même instant, avant que j'aie eu le temps de me reconnaître, j'entends comme un gazouillement d'oiseaux, j'aperçois des jambes nues, des bras roses et potelés qui se tendent vers lui et j'entends un seul cri frais et joyeux : « Papa! papa!...» Elles étaient quatre petites filles... blondes toutes les quatre... l'aînée était haute comme ça (Il fait le geste.) et ça allait en diminuant... En un clin d'œil, Chambardier fut littéralement pris d'assaut. Il en avait une sur les épaules, une dans les bras, une autre sur les genoux. La quatrième — elle avait bien deux ans — voulut imiter ses aînées, mais, à deux ans, on n'a pas les jambes bien solides... Elle roula... moi, machinalement, je me baissai... alors elle me jeta ses menottes autour du cou en me disant : « Papa! papa!... » Papa! Elle se trompait, monsieur le maire... elle se trompait... Mais ça ne fait rien... A ce nom de papa, je me sentis retourné... ma vocation était décidée... Je voulais être père!

BOMBONNEL, à part.

Ah çà! il m'ennuie!...

S'apercevant que la banquette est libre, il s'en empare et s'en va par le fond. Moutonnet, tout à son extase, ne l'aperçoit pas.

* Moutonnet, Bombonnel.

SCÈNE V

MOUTONNET, seul, croyant s'adresser à Bombonnel.

Vous me direz qu'il est un peu tard pour s'en occuper...
(Voyant que Bombonnel n'est plus là.) Tiens! il est parti... Oh! il va
revenir... Ça avait l'air de l'intéresser... Je continue... (Reprenant.) Oui, au premier abord, il est un peu tard... Mais ma
bonne étoile est venue à mon secours... Il y a vingt ans — c'é-
tait en 59 — j'avais fait la connaissance d'une femme du
monde. Je crois que c'était une femme du monde, parce
qu'elle adorait Lamartine... Oh! le lac!

Un soir, t'en souviens-tu? nous voguions en silence...

J'en ai encore le frisson... Elle m'avait même forcé à lui
faire cadeau d'un exemplaire très bien relié des *Méditations*,
qu'elle me lisait d'une voix attendrie. Un jour, il y avait
déjà plusieurs mois que nous voguions et pas toujours en
silence, elle ne vint pas au rendez-vous. Et, le lendemain,
je recevais un coffret renfermant tous les souvenirs usuels :
mèches de cheveux échangées, lettres, et cætera... tout le bric-
à-brac de l'amour... Il n'y avait pas à s'y tromper... c'était
une rupture... Retrouver la belle? j'avoue que je n'y pensai
guère... D'ailleurs j'ignorais son vrai nom... Je savais seulement qu'elle était mariée et qu'elle habitait Chartres...
C'était trop vague.... Aussi, de nouvelles aventures ne tar-
dèrent pas à me faire tout oublier, jusqu'au jour où la plus
jeune des Chambardier, dans un élan dont je lui sais gré,
vint faire vibrer en moi une fibre inconnue. Poussé par je
ne sais quel pressentiment, je me mis à interroger le coffret ci-dessus... Une lettre non encore ouverte me tombe
sous la main et qu'y lis-je? — l'explication de ce départ pré-

cipité : un mari qui revenait trop tôt, comme toujours, et, au milieu d'adieux éplorés, un aveu... un de ces aveux qui font bondir le cœur d'un homme ! J'étais père ! Depuis vingt ans, à Chartres, sous le voile de l'anonyme, mais enfin je l'étais !... Mon parti fut vite pris... accourir ici, relever sur les registres de l'état civil tous les enfants nés en 59, la chose s'imposait d'elle-même... L'employé auquel je me suis adressé à la mairie m'a fait des difficultés, alors je suis venu..

SCÈNE VI

MOUTONNET, BOMBONNEL, puis LUCIENNE.

MOUTONNET, s'adressant à Bombonnel qui rentre, comme s'il ne l'avait pas quitté *.

Pour vous demander un service.

BOMBONNEL, à part.

Tiens ! il est encore là... (Haut.) Un service ? Parlez, maintenant je suis tout à vous. De quoi s'agit-il ?

MOUTONNET.

Je désirerais avoir communication du registre des naissances de l'année 1859. Est-ce possible ?

BOMBONNEL.

Parfaitement, monsieur... Je vais vous conduire à la mairie...

MOUTONNET, avec satisfaction.

Ah !

LUCIENNE, entrant vivement **.

Papa ! papa !... ce sont eux !

* Moutonnet, Bombonnel.
** Moutonnet, Lucienne, Bombonnel.

BOMBONNEL.

Qui ?

LUCIENNE.

M. Rifolet et Savinien... Ils descendent de voiture.

BOMBONNEL.

Ah ! sapristi !... vite ma redingote ! (La cherchant.) Où l'ai-je mise ?

MOUTONNET, la voyant sur la chaise à gauche.

Est-ce cela ?

BOMBONNEL, allant à lui *.

Oui... aidez-moi.

MOUTONNET.

Mais...

BOMBONNEL.

Aidez-moi donc !... (Moutonnet l'aide à passer sa redingote.) Vous êtes d'un mou !... Et maintenant je cours...

Il s'apprête à sortir.

MOUTONNET, le retenant.

Eh bien ! et mes renseignements ?

BOMBONNEL.

Vos renseignements, ce sera pour plus tard... Avez-vous vu la cathédrale ?

MOUTONNET.

Non... mais...

BOMBONNEL.

Eh bien, allez la voir. Il n'y en a pas deux comme ça en France.

MOUTONNET.

Permettez...

* Bombonnel, Moutonnet, Lucienne.

LUCIENNE *.

Ah ! monsieur, mon fiancé arrive à l'instant; il y a trois ans que je ne l'ai vu; allez voir la cathédrale, je vous en prie...

MOUTONNET.

Eh bien, soit !... puisque vous m'en priez... (Avec résignation.) je vais voir la cathédrale.

Il sort,

LUCIENNE, à Bombonnel.

Tu vois... quand on sait s'y prendre... Ah ! les voici ! Tiens-toi droit !...

SCÈNE VII

BOMBONNEL, LUCIENNE, FRANÇOISE, RIFOLET, SAVINIEN.

FRANÇOISE, annonçant au fond.

M. Rifolet père, M. Savinien Rifolet, son fils.
Entrent Rifolet et Savinien, des valises à la main. Ils sont tous les deux froids et gourmés **.

BOMBONNEL, allant au-devant d'eux.

Ces chers amis... débarrassez-vous donc...

RIFOLET.

Mille grâces.

SAVINIEN.

Ne prenez pas cette peine.
Il donne les deux valises à Françoise qui les emporte par le fond.

* Lucienne, Moutonnet, Bombonnel.
** Lucienne, Bombonnel, Rifolet, Savinien, Francoise.

BOMBONNEL.

La présentation sera bientôt faite... Mon cher Rifolet, je vous présente ma fille Lucienne.

RIFOLET, s'inclinant froidement.

Très agréable personne...

SAVINIEN, de même.

Charmante...

LUCIENNE, à part.

Oh ! comme il est cérémonieux !

BOMBONNEL.

Quant à ces jeunes gens, ils se connaissent. Ils se sont vus si jeunes. (A Rifolet.) Et vous avez fait bon voyage ?

RIFOLET.

Oh ! un voyage! ma maison n'est qu'à onze kilomètres cent... une enjambée... cela ne peut pas s'appeler un voyage... Quand on a fait, comme moi plusieurs fois le tour du monde, déjeuné dans l'Afrique centrale avec Livingstone et dîné au pôle glacé, sur le sommet du Nunatack, avec le lieutenant Jensen...

BOMBONNEL.

C'est vrai!... j'oubliais que vous avez toujours eu la passion des pérégrinations lointaines... mais ce goût-là doit commencer à bien se calmer?...

RIFOLET.

Dites au contraire qu'il est plus vif que jamais. Avec les progrès géographiques, l'homme moderne doit être voyageur... En avant! toujours en avant! Hip!hip! hurrah!

SAVINIEN, très froidement.

Hip! hip! hurrah!

BOMBONNEL, à part.

Quel homme!

RIFOLET.

Malheureusement, je n'ai jamais possédé ma complète indépendance... Ainsi, lorsque je fis ma première excursion en Italie... c'était mon voyage de noces.

BOMBONNEL.

Vous aviez emmené votre femme?

RIFOLET.

Non... je l'avais laissée... mais il fallait lui écrire... c'était une préoccupation.

LUCIENNE, à part.

Eh bien!... si Savinien est comme lui...

RIFOLET.

Plus tard, lorsque je visitai le Japon et la Chine, j'eus à m'occuper de mon fils...

BOMBONNEL.

En route?

RIFOLET.

Non... de loin... Je l'avais mis au collège... mais je surveillais son éducation par correspondance... ça me gênait.

SAVINIEN, sentencieux.

Et l'éducation d'un jeune homme, ce n'est pas une petite affaire.

RIFOLET.

Heureusement, j'ai eu la chance de tomber sur un bon sujet. Il vient de passer sa thèse d'une façon brillante.

SAVINIEN.

Sur la loi Julia... Le droit romain m'a toujours passionné.

LUCIENNE, tristement, à part.

Le droit romain !

RIFOLET.

Bref, je crois qu'il est mûr pour le mariage... Si donc nous nous entendons sur la question d'intérêt... que nous allons discuter aujourd'hui même...

BOMBONNEL, à part.

Diable !

RIFOLET.

Nous fixerons immédiatement le jour du mariage.

BOMBONNEL.

Si vite ?

RIFOLET.

J'ai pour cela des raisons majeures... je pars dans une quinzaine pour la Terre de Feu.

BOMBONNEL et LUCIENNE.

La Terre de Feu !

RIFOLET.

Oui... elle manque à mon carnet de voyages... Je viens même, pour être tout à fait libre, de vendre tout ce que je possède à Chartres. Depuis huit jours je fais une liquidation générale... mais je désirerais être là le jour de la cérémonie nuptiale,.. si faire se peut...

BOMBONNEL, surpris.

Si faire se peut?...

RIFOLET, appuyant.

Si faire se peut!... Maintenant, je vous serai obligé de me conduire à la chambre que vous m'avez réservée... J'ai hâte d'étudier mon itinéraire...

BOMBONNEL, à part.

Ce n'est pas un homme, c'est un transátlantique... (Haut.) Je vais vous conduire... Du reste, il est bon que nous laissions ces enfants ensemble pour qu'ils renouvellent connaissance... (À Lucienne.) Seulement dix minutes... pas plus, tu entends ?...

LUCIENNE.

Oui, papa...

RIFOLET, à Savinien, bas.

Tâche d'oublier pendant dix minutes le droit romain et la loi Julia...

SAVINIEN.

Je tâcherai, mon père...

BOMBONNEL.

Mon cher Rifolet...

Ils sortent tous les deux par la gauche. — Savinien les reconduit.

SCÈNE VIII

LUCIENNE, SAVINIEN.

LUCIENNE, regardant Savinien à part *.

Comme il est changé!... il était si gai autrefois. Oh! il faut que j'en aie le cœur net... (Haut.) Monsieur Savinien?...

SAVINIEN.

Mademoiselle?...

LUCIENNE.

Je voudrais vous adresser une question...

SAVINIEN.

Laquelle, mademoiselle?...

LUCIENNE.

C'est bien vrai, dites, que vous êtes un homme sérieux?

* Savinien, Lucienne.

SAVINIEN.

Pourquoi?

LUCIENNE.

Mais... parce que ?...

SAVINIEN.

Cela vous fait peur, avouez-le...

LUCIENNE.

Dame...

SAVINIEN.

Si ! ça vous fait peur !... eh bien !... (Regardant autour de lui, à mi-voix.) Non !... ce n'est pas vrai...

LUCIENNE, avec joie.

Ah !

SAVINIEN.

Je ne suis pas sérieux du tout !

LUCIENNE.

Oh ! quel bonheur !

SAVINIEN.

C'est une tenue que je me suis faite à cause de papa.

LUCIENNE.

Vraiment?...

SAVINIEN.

Il n'est pas commode, papa... J'ai toujours peur qu'il ne me coupe les vivres... aussi, pour être tranquille, je flatte ses manies.

LUCIENNE.

Alors, le droit romain, la loi Julia?...

SAVINIEN.

Oh ! la loi Julia ! connais pas !... c'est-à-dire si... j'en ai entendu parler une fois, par hasard... un jour qu'il pleuvait et que je n'avais pas de parapluie... je suis entré au cours.

LUCIENNE, éclatant de rire.

Ah! ah! ah!

SAVINIEN, de même.

Ah! ah N'est-ce pas qu'elle est bonne?

LUCIENNE, entraînée par le mouvement.

Oh! oui ! Elle est b... (S'arrêtant.) C'est égal, me voilà rassurée... nous allons donc pouvoir être bons amis...

SAVINIEN.

Comme autrefois, au temps des vacances... (Avec émotion.) Lucienne?...

LUCIENNE.

Savinien.

SAVINIEN.

On se tutoyait autrefois...

LUCIENNE, timidement.

Vous croyez?...

SAVINIEN.

Et on s'embrassait...

LUCIENNE, passant *.

Oh ! ça!

SAVINIEN, s'approchant vivement.

Si ! si!

LUCIENNE, troublée.

C'est que... (Regardant la pendule.) Ah !... les dix minutes sont passées.

SAVINIEN.

Oh ! les dix minutes!...

* Lucienne, Savinien.

LUCIENNE.

Papa m'a bien recommandé... (Avec une révérence.) Monsieur,
je suis votre servante... (Elle s'éloigne. — En sortant.) Il n'est pas
sérieux ! que je suis donc contente !...

SCÈNE IX

SAVINIEN, puis FRANÇOISE.

SAVINIEN, seul.

Mais elle est tout bonnement adorable !... Et comme j'ai
bien fait de me décider !... Chère enfant ! je tâcherai de te
rendre heureuse !... (En confidence.) Sans qu'elle s'en doute, je
lui ai déjà fait un sacrifice... une chaîne... une chaîne de
prix même que je lui ai immolée... Isaure Gifflardin, la
femme de Casimir Gifflardin, un ex-armateur du Havre...
Comme papa voyageait toujours, je n'avais pas de famille...
Isaure avait bien voulu m'en servir... Malheureusement, depuis quelque temps, elle était devenue horriblement ja-
louse... Et puis, son mari m'aimait trop... Il en était arrivé
à me tutoyer... ça me gênait... Je l'entends encore me dire :
« Savinien, nous allons ce soir au théâtre, tu en es; nous
allons demain à la campagne, tu en es; après-demain au
bal, tu en es... » J'en étais tout le temps... Ça devenait in-
tolérable... Alors, il y a huit jours, je pris un parti éner-
gique. Il fallait absolument être avocat... Je n'avais pas pris
une seule inscription, mais bah !... Je télégraphiai à papa :
« Passé thèse, cinq boules blanches, peux épouser Lucienne. » Il me répondit : « Bon fils ! compliments... arrive. — » Je ne me le fis pas dire deux fois, et je pris le
train... Quant aux Gifflardin, je leur laissai un mot vague...
J'étais un peu fatigué... J'allais me mettre au vert chez un
vieil oncle malade... et cætera... et cætera... Et me voilà
libre... libre comme l'air !...

2

FRANÇOISE, entrant d'un air mystérieux *.

Monsieur Savinien, il y a là un monsieur et une dame qui demandent à vous parler...

SAVINIEN, surpris.

Un monsieur et une dame...

FRANÇOISE, le lutinant.

Ah ! ah!

SAVINIEN, sévère.

Eh bien !...

FRANÇOISE, remontant au fond.

Entrez, monsieur et madame...

GIFFLARDIN, paraissant avec Isaure.

Ah ! le voilà, ce cher ami !...

SAVINIEN, terrifié.

Ciel ! Les Gifflardin ici !...

Françoise sort.

SCÈNE X

SAVINIEN, GIFFLARDIN, ISAURE.

GIFFLARDIN, courant à Savinien **.

Comment vas-tu ?

SAVINIEN, très gêné.

Pas mal, merci, mais...

GIFFLARDIN, le regardant.

Tu as bonne mine... (A Isaure.) Il a bonne mine, n'est-ce pas, Isaure?

* Françoise, Savinien.
** Isaure, Gifflardin, Savinien.

ISAURE, très froidement.

Oui, mon ami.

GIFFLARDIN.

Et moi qui le croyais malade... Je respire !... (A Savinien.)
Embrasse donc ma femme...

SAVINIEN, gêné.

Mais...

GIFFLARDIN.

Elle est furieuse contre toi... Tu ne veux jamais embrasser
ma femme... c'est curieux !

ISAURE, dignement.

Mon ami !...

GIFFLARDIN.

C'est votre faute, Isauré, vous ne vous y prêtez pas... Allons, embrassez-vous, ça me fera plaisir...

Savinien s'approche d'Isaure.

ISAURE, bas, très vite *.

Nous nous expliquerons...

SAVINIEN.

Ah !

ISAURE.

Tout à l'heure !

Savinien l'embrasse, elle le pince au bras droit et remonte.

GIFFLARDIN, qui les a contemplés, à part.

Quelle froideur ! (Haut, allant à Savinien **.) Vilain enfant ! nous
quitter ainsi tout à coup, sous prétexte qu'il est un peu fatigué, nous avons cru à un accident... Nous ne vivions
plus...

* Isaure, Savinien, Gifflardin.
** Savinien, Gifflardin, Isaure.

ISAURE.

Oh !...

GIFFLARDIN.

Du moins, moi, je ne vivais plus... Alors, j'ai dit à Isaure :
« Tant pis, il faut aller le rejoindre... »

SAVINIEN.

Mais comment avez-vous pu me trouver?

GIFFLARDIN.

Nous sommes allés d'abord aux environs, chez ton père...
De là, on nous a adressés ici....

SAVINIEN, à part.

Pas de chance...

GIFFLARDIN.

Ah çà ! tu vas nous présenter à ton oncle.

SAVINIEN.

Mon oncle ?

ISAURE.

Eh bien, oui, votre oncle.

SAVINIEN, à part.

C'est vrai, je leur ai dit que j'étais chez mon oncle... (Haut,
revenant à eux *.) C'est que... vous tombez mal.

ISAURE, vivement.

Pourquoi ?

SAVINIEN.

Mon oncle est très malade...

ISAURE.

Ah ! qu'est-ce qu'il a ?

SAVINIEN.

Oh ! un peu de tout...

____
* Gifflardin, Savinien, Isaure.

GIFFLARDIN.

Il est enrhumé ?

SAVINIEN.

Mais non... Ça lui a pris dans la tête... Ensuite l'estomac,
les jambes... et tout ça combiné...

GIFFLARDIN.

Pauvre homme !... il doit souffrir horriblement.

SAVINIEN.

Quand il voit des étrangers surtout, ça le met dans un
état !... La moindre émotion peut lui être fatale... Heureusement, il y a un train dans une demi-heure... vous avez
grandement le temps de le prendre...

Il remonte vers le fond en leur indiquant la porte.

ISAURE, éclatant *.

Il nous chasse !

GIFFLARDIN.

Oh ! par exemple...

ISAURE.

Si ! si !... Il nous chasse !... et vous le su.pportez !...

GIFFLARDIN.

Isaure ! du calme... Tu ne voudrais pas tuer son oncle,
voyons... Ce pauvre Savinien, comme elle est partiale avec
lui !... (Allant à Savinien **.) Eh bien, il y a un moyen de tout
concilier... Nous t'emmenons...

SAVINIEN.

Moi ! Impossible !...

ISAURE.

Pourquoi ?...

SAVINIEN.

Pourquoi ?... Parce que.... (A part.) Ils me donnent chaud !...

* Gifflardin, Isaure, Savinien.
** Isaure, Gifflardin, Savinien.

(Haut.) Parce que mon oncle peut faire son testament d'un
moment à l'autre... On attend le notaire... et comme je suis
son héritier...

GIFFLARDIN, vivement.

Oh ! alors il faut que tu restes... Eh bien, mieux que ça,
nous allons nous installer ici.

ISAURE, vivement.

Oui, oui, c'est ça...

SAVINIEN.

Vous installer !...

GIFFLARDIN.

Oh ! tu nous trouveras bien un petit coin où ton oncle ne
pourra pas nous voir...

SAVINIEN.

non... Il n'y a de place nulle part.

Non, .   ISAURE.

^tit pavillon, tout au bout du jardin.

J'ai aperçu un p~   SAVINIEN.

~   ¹ogeable...

C'est le billard, ça n'est pas ~.

ISAURE.

Oh ! nous ne sommes pas difficiles.

GIFFLARDIN.

Je vais toujours voir...

Il sort par le fond,

SAVINIEN, voulant le suivre.

Vous feriez mieux de prendre le train.

ISAURE, le retenant.

Restez !

SCÈNE XI

SAVINIEN, ISAURE.

SAVINIEN, à part *.

Fichtre !

ISAURE, s'assurant qu'ils sont bien seuls.

Maintenant, causons...

SAVINIEN, à part.

Saperlotte !

ISAURE.

Savinien, sous une nature froide en apparence, je cache une âme ardente et facilement explosible !...

SAVINIEN.

Je le sais.

ISAURE.

Si je m'efface, si je me fais petite pour voiler à tous les yeux un attachement coupable, vous ne devez pas en conclure, Savinien, que je suis une femme sans énergie et sans décision, non !...

SAVINIEN, très gêné.

Non !

ISAURE.

Quand on me trompe, c'est plus fort que moi, j'éclate...

SAVINIEN.

Ah !

ISAURE.

Et alors, aucune force humaine, aucune, ne saurait me contenir...

* Savinien, Isaure.

SAVINIEN, à part.

Mon Dieu !

ISAURE.

Ceci posé, répondez-moi franchement... votre fuite préci-
pitée, est-ce une rupture ?...

SAVINIEN.

Ah bien ! en voilà une idée !

ISAURE.

Et cet embarras à notre arrivée, alors que je devais m'attendre à de l'allégresse ?...

SAVINIEN.

Mais j'en ai de l'allégresse... j'en ai beaucoup...

ISAURE.

Où est-elle ?...

SAVINIEN.

Mais la voilà... (Avec une gaîté forcée.) Comment ! c'est vous !...
Ah ! quel bonheur ! quelle joie !... (Changeant de ton.) Vous
voyez... seulement, je la contiens à cause de mon oncle...

ISAURE.

Votre oncle !... Est-ce vrai, votre oncle ?

SAVINIEN, avec élan.

Si mon oncle est vrai ? Mais qu'est-ce qui serait donc vrai
sur la terre, alors ?...

ISAURE.

Ah ! tant mieux !... Parce que, voyez-vous, Savinien, si
vous me trompiez, je me connais... je dirais tout à mon
mari...

SAVINIEN, bondissant.

A votre mari !... Malheureuse !...

ISAURE.

Oh ! ne craignez rien... Ce n'est pas un mari comme les

autres... Il a des théories à lui... A ses yeux la femme est un être irresponsable qui n'a que des sensations et pas de volonté... Il me pardonnerait...

SAVINIEN, rassuré.

Ah ! tant mieux !...

ISAURE.

Mais vous, il vous tuerait !...

SAVINIEN.

Hein ! (Haut.) Isaure, ne parlons pas de ces choses-là... Puisque vos craintes sont des chimères...

ISAURE, tendrement.

Des chimères ?... Vous me le jurez ?... (Elle lui tend la joue. Tu me le jures ?...

SAVINIEN.

Oui, méchante !...

Il l'embrasse longuement. A ce moment Gifflardin reparaît au fond.

GIFFLARDIN, avec un grand cri.

Ah !...

SAVINIEN, avec terreur.

Oh ! Gifflardin !

ISAURE.

Mon mari !...

SCÈNE XII

LES MÊMES, GIFFLARDIN, puis FRANÇOISE.

GIFFLARDIN *.

A la bonne heure !... Est-ce que ça ne vaut pas mieux que de se bouder ?...

* Savinien, Gifflardin, Isaure.

SAVINIEN.

N'est-ce pas?... n'est-ce pas?... (A part.) Il m'a fait une peur !...

GIFFLARDIN, à Savinien.

Eh bien! qu'est-ce que tu disais donc que le billard n'était pas logeable?... Il y a en haut une chambre d'amis... Je viens de dire à la bonne d'y installer nos bagages...

SAVINIEN, à part.

Leurs bagages !... Ah! mais non!...

GIFFLARDIN.

Elle ne voulait pas, mais je lui ai graissé la patte...

FRANÇOISE, entrant par le fond *.

La chambre de monsieur est prête.

SAVINIEN, à part.

Par exemple!... (A Gifflardin, avec résolution.) Gifflardin, écoutez-moi...

BOMBONNEL, dans la coulisse.

Savinien ! Savinien !...

SAVINIEN, à part.

Bombonnel, à présent ! (Haut.) Mon oncle !... Allez vite!

GIFFLARDIN.

Son oncle! Sapristi !... (A Isaure.) Venez, Isaure.

ISAURE, tendant la main à Savinien.

A bientôt !... (Bas.) A toujours !...

SAVINIEN.

Oui ! A tout le temps !...

Gifflardin et Isaure sortent par le fond.

FRANÇOISE, à Savinien, le lutinant **.

Ah! ah!...

* Françoise, Savinien, Gifflardin, Isaure.
** Françoise, Savinien.

SAVINIEN.

Qu'est-ce que c'est?... (*Françoise prend une pose respectueuse.*) Françoise, veux-tu gagner cent francs?...

FRANÇOISE.

Tiens! pardi! Est-ce que ça se demande?...

SAVINIEN, *lui donnant un billet.*

Tu vas suivre ces gens-là et tu les enfermeras à clef dans le billard... Surtout, que personne ne se doute qu'ils sont ici.

FRANÇOISE.

Convenu!... (*En s'en allant avec joie.*) Cent francs!

Elle sort par le fond.

SCÈNE XIII

SAVINIEN, BOMBONNEL, LUCIENNE, puis MOUTONNET.

SAVINIEN, *à part.*

Eh bien! me voilà dans une jolie situation!

BOMBONNEL, *entrant avec Lucienne par la gauche* *.

Savinien... on n'attend plus que vous...

LUCIENNE, *gaiement.*

Pour discuter le contrat...

SAVINIEN, *troublé.*

Ah! le contrat!

BOMBONNEL.

Oui, votre père est dans mon cabinet... Il tient à ce que

* Lucienne, Bombonnel, Savinien.

nous en causions aujourd'hui, et je ne serais pas fâché de vous avoir pour m'appuyer un peu... (A part.) A cause des Landes... Allons, venez...

SAVINIEN.

Mais...

BOMBONNEL.

Venez donc !...

Il le fait entrer à droite.

SAVINIEN, à part.

Ah! j'ai bien la tête à discuter un contrat...

Il entre devant Bombonnel.

BOMBONNEL, à Lucienne, qui veut les suivre.

Oh! pas toi... Les questions d'intérêt ne regardent pas les petites filles.

LUCIENNE, désappointée.

Ah!... que c'est ennuyeux !...

Bombonnel sort.

SCÈNE XIV

LUCIENNE, MOUTONNET.

MOUTONNET, arrivant par la gauche *.

Mademoiselle, me revoilà...

LUCIENNE, à part.

L'original de tout à l'heure...

MOUTONNET.

J'ai vu la cathédrale... c'est une belle pièce ! Mais maintenant, je voudrais voir monsieur votre père, pour aller à la mairie...

* Moutonnet, Lucienne.

LUCIENNE.

Il va être à vous dans quelques minutes... Il est en affaires...

MOUTONNET.

Encore!...

LUCIENNE.

Oh! monsieur... ne vous impatientez pas trop... si vous saviez... On discute mon contrat en ce moment.

MOUTONNET, se radoucissant.

Ah! c'est vrai, on va vous marier.

LUCIENNE.

Dame! j'ai vingt ans.

MOUTONNET, ému.

Ah!

LUCIENNE.

Oui... et mon futur me plaît beaucoup... C'est tout à fait le mari qu'il me faut...

MOUTONNET, souriant.

Vraiment?

LUCIENNE.

Oh! tout à fait... (Prêtant l'oreille.) Mais, vous permettez?... Il me semble qu'on élève la voix... Ah! c'est qu'entre nous, j'ai peur que ça n'aille pas tout seul... Toujours ces vilaines questions d'intérêt... (Prêtant l'oreille.) Mais oui... on parle haut. Tant pis!... je n'y tiens plus... Je vais aller leur demander s'ils n'ont pas besoin de verres d'eau sucrée... Un peu de patience, monsieur...

Elle sort vivement par la droite.

3

SCÈNE XV

MOUTONNET, seul.

Elle est ravissante!... ma parole... Comme c'est frais ! comme c'est jeune !... Un Fragonard !... Et vingt ans !... Ah ! voilà ce qu'il me faudrait... enfin ! (Examinant l'appartement.) C'est très bien ici... on ne dirait jamais que c'est l'habitation d'un homme qui est venu de Romainville en sabots. (S'approchant de la bibliothèque.) Et une bibliothèque... La bibliothèque de famille !... Comme c'est bien ça !... Comme on voit bien qu'ils sont là de père en fils, ces respectables bouquins ! (Il a ouvert la bibliothèque. — Prenant un volume.) « Le *Magasin pittoresque*... (Il le remet vivement.) Je le crains... L'*Almanach des Muses ! Paul de Kock*... Il y a de tout... (Prenant un autre livre.) « *Lamartine*, méditations... » Tiens !... (L'examinant.) Voilà qui est particulier... Ce livre ressemble comme deux gouttes d'eau à celui que...

Il descend en scène tenant le livre qui s'ouvre entre ses mains. — Lisant.

Un soir, t'en souviens-tu...

Il s'est ouvert tout seul à la page... (En tournant une page, il trouve une feuille de papier.) Et ceci... *Le lac*, copié tout entier de son écriture !... Grand Dieu ! ce livre, dans cette bibliothèque... Ici !... mais alors... Lucienne... Oh ! quelle idée !... quelle idée !...

Il remonte, très agité.

SCÈNE XVI

MOUTONNET, LUCIENNE.

LUCIENNE, revenant, à part *.

Ils m'ont renvoyée... mais la discussion a l'air d'être chaude... Papa est tout rouge. Les Landes ne prennent pas.

MOUTONNET.

Elle!...

Il remet vivement le livre.

LUCIENNE, se retournant.

Ah! mon Dieu!... monsieur! vous paraissez souffrant... Qu'avez-vous?...

MOUTONNET, balbutiant.

Rien! rien!... mademoiselle... (La regardant avec une sorte d'é- garement.) Mais oui... mon nez...

LUCIENNE.

Voulez-vous que j'aille?...

MOUTONNET.

Non... non... (A part.) Mes yeux...

LUCIENNE.

Vous cherchez des sels?

MOUTONNET.

Non! non!... (A part.) Ma bouche! Et blonde... blonde comme elle!... Oh! (Il s'avance vers elle avec égarement. Elle recule effrayée. — Haut.) Non! ne vous inquiétez pas... Je vais mieux... je vais bien!... (A part.) Une fille! J'ai une fille!...

LUCIENNE, à part.

Qu'est-ce qu'il a?

On entend un bruit de voix. — Rifolet paraît, suivi de Bombonnel et de Savinien. Ils se disputent.

* Lucienne, Moutonnet.

SCÈNE XVII

LES MÊMES, RIFOLET, SAVINIEN, BOMBONNEL.

RIFOLET, dans la coulisse.

Non ! Ce n'est pas possible !

BOMBONNEL, entrant *.

Eh bien ! n'en parlons plus...

SAVINIEN.

Mais, mon père...

RIFOLET.

Taisez-vous, Savinien !... (A Bombonnel.) C'est de votre faute !
Vous ne tenez pas vos engagements...

BOMBONNEL.

Mais je les tiens, mes engagements !... J'avais promis de
donner cent mille francs... je les donne !...

RIFOLET.

Oui... en terres... dans les Landes...

BOMBONNEL.

Ça vaut le double... Le tout est de trouver un acquéreur...

RIFOLET.

Vous savez bien qu'on n'en trouve jamais ! N'en parlons
plus !

BOMBONNEL.

Soit !

LUCIENNE, fondant en larmes.

Mon Dieu ! mon Dieu !

* Lucienne, Moutonnet, au fond. — Bombonnel, Rifolet, Savinien.

MOUTONNET, à part.

Elle pleure!... On la fait pleurer!... (Allant à Bombonnel *.)
Pardon, monsieur Bombonnel... si je vous ai bien compris,
vous possédez des terrains dans les Landes ?

BOMBONNEL.

Deux cents hectares.

MOUTONNET.

Je les prends!

TOUS.

Hein ?...

MOUTONNET.

Il y a longtemps que j'en cherche : j'ai une foi aveugle
dans les Landes!... Vous vendez cent mille francs ?...

BOMBONNEL, timidement.

Dame... oui...

MOUTONNET.

Affaire faite !

BOMBONNEL, étourdi.

Oh!... si j'avais su!... (Allant à Rifolet.) Tenez! vous me
faites perdre cinquante mille francs !... Vous voyez bien
qu'on en trouve des acquéreurs !

RIFOLET.

C'est un fou!...

MOUTONNET, s'approchant de Lucienne **.

Eh bien ! est-on contente ?

LUCIENNE, le visage radieux.

Oh ! monsieur !

MOUTONNET, à part.

Elle m'a souri !... Ma fille m'a souri.

* Lucienne, Bombonnel, Moutonnet, Rifolet, Savinien.

** Lucienne, Moutonnet, Bombonnel, Rifolet, Savinien.

SCÈNE XVIII

Les Mêmes, FRANÇOISE.

FRANÇOISE, entrant par le fond.

Monsieur est servi.

BOMBONNEL, joyeusement.

A table!... (A Moutonnet, cherchant son nom.) Monsieur ?...

MOUTONNET.

Moutonnet.

BOMBONNEL.

Monsieur Moutonnet, en qualité d'acquéreur, vous nous restez bien à dîner...

LUCIENNE.

Oh! certainement.

MOUTONNET.

Comment donc !...

FRANÇOISE, s'approchant de Savinien, bas *.

Le monsieur et la dame du billard disent qu'ils ont faim...

Elle tend la main.

SAVINIEN.

Cent francs pour toi, si tu leur portes à dîner. (Il lui donne un billet.) Mais, pas un mot !...

FRANÇOISE, illuminée.

Encore cent francs !...

* Lucienne, Moutonnet, Bombonnel, Rifolet, Savinien, Françoise.

BOMBONNEL.

Monsieur Moutonnet... le bras à Lucienne...

MOUTONNET, à Lucienne.

Mademoiselle?...

LUCIENNE.

Oh ! volontiers !...

Elle lui prend le bras.

MOUTONNET, à part.

Me voilà de la famille !...

Ils se dirigent tous vers la gauche.

ACTE DEUXIÈME

Un jardin chez Bombonnel. — A droite, la maison d'habitation; premier plan, un
perron, deuxième plan, l'entrée de la cuisine. — A gauche, premier plan, un
mur avec petite porte donnant sur la campagne, deuxième plan, l'entrée
d'une grande tente. — Les autres plans de chaque côté sont libres. — Au
fond, des massifs de lilas avec une allée au milieu. — Tables et sièges de
jardin.

SCÈNE PREMIÈRE

FRANÇOISE, puis SAVINIEN.

FRANÇOISE, en train de ratisser.

C'est dur de ratisser, mais le jardinier n'est pas encore
arrivé... je fais son ouvrage pour qu'il ne soit pas grondé ;
c'est un si bel homme. (On entend jouer au billard dans la coulisse.)
Oh! ce billard!... Pan ! pan!... s'en donne-t-il l'étranger!...
Dès six heures du matin il s'est mis à jouer au billard, et il
n'arrête pas... Il tape!... il tape!... je ne comprends pas
comment il n'a pas encore réveillé toute la maison.

SAVINIEN, paraissant sur le perron *.

Ah çà! il est enragé, ce Gifflardin. Je t'avais pourtant
bien recommandé de l'empêcher de faire du bruit.

* Françoise, Savinien.

FRANÇOISE.

J'ai essayé, monsieur Savinien, mais il n'a rien écouté.
Ne voulait-il pas me forcer à faire une partie avec lui?...

SAVINIEN.

Oh!

FRANÇOISE.

Il y a déjà deux accrocs au billard.

SAVINIEN, avec effroi.

Deux accrocs!...

FRANÇOISE.

Il y en avait deux tout à l'heure... Il y en a probablement
davantage maintenant...

SAVINIEN.

.Sapristi! Il est temps d'arrêter les frais. (A Françoise.) Surtout, pas un mot à ton maître.

FRANÇOISE, avançant la main.

Monsieur sait bien qu'il peut compter sur ma discré-
tion...

SAVINIEN, comprenant.

Ah! oui! (Lui donnant de l'argent.) Tiens! (A part.) Gredin de
Gifflardin, me coûte-t-il cher!...

Il sort en courant par le fond.

FRANÇOISE, regardant ce que lui a donné Savinien.

Vingt francs!... ça fait deux cent vingt. Il rapporte, l'é-
tranger, s'il pouvait rester longtemps ici, la maison devien-
drait bonne.

Elle entre dans la cuisine.

SCÈNE II

MOUTONNET, seul.

La petite porte de gauche s'ouvre et Moutonnet paraît avec précaution, il tient un énorme bouquet.

Personne encore! je puis me glisser. (Il pose son bouquet sur une table à droite.) Ah! quelle nuit! Quelle nuit je viens de passer à cause d'elle! D'abord, j'ai essayé de dormir... Ah bien oui!... Impossible!... Je faisais des rêves d'une douceur... atroce!... Je me voyais transporté au milieu d'un square rempli d'enfants... Il y en avait cent, au moins — pas de garçons, rien que des filles — et je me trouvais être leur père à toutes. (Avec conviction.) C'était trop!... Ça m'a réveillé en sursaut... Alors, je me suis levé, et, instinctivement, je suis venu rôder autour de cette maison... où elle respire!... Il était minuit, au moins, tout dormait dans la nature. Je m'approchai doucement de sa fenêtre, et là, qu'est-ce que je vis?... (Avec éclat.) De la lumière dans sa chambre!... De la lumière, à minuit!... Est-ce qu'elle aurait l'habitude de lire tard? Et ce Bombonnel qui souffre cela!... Il finira par me la laisser tomber malade... Confiez donc vos enfants aux autres!... Enfin, la lumière s'est éteinte, j'ai respiré, et je suis resté là jusqu'au petit jour, retenu comme par un aimant, en extase... tellement en extase, qu'un paysan qui sortait de chez lui m'a regardé d'un air qui voulait dire : « Tiens! un amoureux!... » Un amoureux! profanation!... J'ai eu envie de lui crier : « Imbécile! c'est ma fille! » mais non! je n'en avais pas le droit, un autre a usurpé mon titre!... Oh! il y a des moments où l'on regrette bien qu'il y ait des lois!... Je me suis donc contenté de demander au paysan l'adresse d'un jardinier... Il n'avait que des fleurs des champs. (Regardant son bouquet.) Il est certain qu'au boulevard des Italiens j'aurais trouvé mieux, mais Chartres n'est renommé que pour ses pâtés... Je ne pouvais pas lui en offrir, c'est trop lourd... Du reste, dès que le télégraphe a été ouvert, j'ai envoyé une dépêche à Paris avec ordre de m'expédier immédiatement un cachemire, des dentelles, tous les chiffons qui peuvent plaire à une jeune fille... sans compter des boucles d'oreilles et un collier que j'ai aperçus l'autre jour chez Rouvenat... Chère enfant! je veux la couvrir de fleurs et de bijoux... Je suis sûr que l'autre la laisse manquer de tout...

SCÈNE III

MOUTONNET, LUCIENNE.

LUCIENNE, sortant de la maison, à Moutonnet qu'elle ne voit que de dos *.

Bonjour, papa...

MOUTONNET, avec émotion.

C'est elle!... et elle m'appelle papa!... Merci, providence!...

Il se retourne.

LUCIENNE, qui a descendu le perron.

Ah! monsieur Moutonnet!... pardon... je me trompais...

MOUTONNET, à part.

Elle croit qu'elle se trompait!... (Haut.) Mais je comprends votre erreur, mademoiselle, je pourrais être votre père, en effet, (Tendrement.) je le voudrais même!

LUCIENNE, un peu troublée.

Monsieur!

* Moutonnet, Lucienne.

MOUTONNET.

Oui, je le voudrais!... Et si cela ne dépendait que de moi... mais cette idée ne paraît pas vous être agréable.

LUCIENNE.

Oh! je n'ai pas dit... (A part.) Qu'est-ce qu'il a donc?

MOUTONNET.

Pourtant, vous auriez été si heureuse!...

LUCIENNE.

Mais je ne suis pas malheureuse, monsieur, au contraire.

MOUTONNET.

Vous n'auriez manqué de rien.

LUCIENNE.

Mais je ne manque de rien, monsieur.

MOUTONNET.

Vraiment?

LUCIENNE.

On dirait que cela vous étonne.

MOUTONNET.

Non!... non!... (A part.) Pauvre enfant! elle n'ose pas se plaindre! (Haut.) Voyons, entre nous, est-ce que vous êtes réellement contente de lui?

LUCIENNE.

De qui?

MOUTONNET.

De votre... (S'arrêtant, à part.) Non! je ne puis me décider à lui donner ce titre! (Haut.) de M. Bombonnel?

LUCIENNE.

De papa?... si je suis contente de papa?.... (Riant.) Ah! vous me faites des questions...

MOUTONNET.

Mon Dieu! je sais bien qu'il a l'air d'un excellent homme...
loin de moi la pensée de l'accuser!... Je suis sûr qu'il fait
tout ce qu'il peut... mais enfin, ce n'est jamais la même
chose; il n'est pas donné à tout le monde de savoir bien
élever un enfant.

LUCIENNE, froissée, à part.

Eh bien! il est aimable! (Haut.) Mais j'ai été très bien éle-
vée, monsieur! Dans la meilleure pension de la ville, encore!...

MOUTONNET.

A Chartres!... Je m'en doutais, je me demande ce qu'on
a pu vous apprendre à Chartres!...

LUCIENNE.

Dame! ce que l'on apprend partout.

MOUTONNET.

Savez-vous seulement le piano, le dessin, la danse?

LUCIENNE.

Mais certainement...

MOUTONNET, désappointé.

Ah!... mais l'équitation?

LUCIENNE.

L'équitation?... Non.

MOUTONNET.

C'est ça!... vous ne savez rien! Et dire qu'il y a à Paris
des établissements où vous auriez été si bien!...

LUCIENNE.

Papa voulait m'y envoyer... c'est moi qui ai tenu à rester
ici... près de lui.

MOUTONNET, avec éclat.

Ah çà! vous l'aimez donc?

LUCIENNE.

Comment ne l'aimerais-je pas? il m'aime tant, lui!... Si vous l'aviez vu, il y a deux ans quand j'ai été si malade...

MOUTONNET, ému.

Vous avez été malade?... La poitrine, n'est-ce pas? (A part.) C'est mon côté faible... nous sommes tous comme ça dans la famille...

LUCIENNE.

Non, une mauvaise fièvre!

MOUTONNET, à part.

Une mauvaise fièvre!... Et c'est maintenant qu'on m'apprend ça!...

LUCIENNE.

Eh bien! il ne m'a pas quittée un seul instant, il a veillé sur moi jours et nuits, et on n'a pu le décider à prendre un peu de repos et de nourriture que lorsqu'il m'a vue tout à fait hors de danger.

MOUTONNET, remué.

Ah! c'est bien!... c'est très bien!...

LUCIENNE.

Et vous me demandez, après cela, si je l'aime. (Courant à Bombonnel qui arrive par la droite, et se jetant à son cou.) Oh! oui! que je t'aime, n'est-ce pas?

SCÈNE IV

LES MÊMES, BOMBONNEL.

MOUTONNET, allant aussi à Bombonnel, et lui prenant la main *.

C'est bien! c'est très bien!...

* Moutonnet, Bombonnel, Lucienne.

BOMBONNEL, surpris.

Quoi?... qu'y a-t-il?

MOUTONNET, avec une larme.

Mademoiselle me racontait... la fièvre... Il y a deux ans!...
c'est très bien!...

BOMBONNEL, à Lucienne.

Tu penses encore, à cela? folle!

LUCIENNE, le câlinant.

Mon petit père!...

MOUTONNET, agacé, à part.

Elle n'a pas fini de l'embrasser? c'est révoltant... (Haut.)
Certainement, c'est très bien!... mais, après tout, vous n'avez
fait que strictement votre devoir.

BOMBONNEL.

Mais, monsieur, je ne vous dis pas le contraire!...

MOUTONNET.

C'est que vous avez un air...

BOMBONNEL, vexé.

Un air!... J'ai l'air qu'il me plaît, d'abord!... (A part.) A-
t-on jamais vu!... (Haut.) Mais au fait, monsieur Moutonnet,
permettez-moi de vous demander ce qui nous vaut cette
visite matinale?...

MOUTONNET, amèrement, à part.

C'est vrai, je suis en visite. (Haut.) Mon Dieu! monsieur,
je venais... au sujet de la propriété que je vous ai achetée
hier.

BOMBONNEL.

Ah! mes landes? c'est juste...

MOUTONNET.

J'ai à vous demander quelques renseignements... ce qu'on
y récolte, par exemple?...

BOMBONNEL.

Ce qu'on y récolte? mais rien du tout!

MOUTONNET.

Ah!... Rien... c'est peu.

BOMBONNEL.

Vous tenez donc à récolter? Eh bien! en drainant sur une vaste échelle...

MOUTONNET, s'apprêtant à prendre une chaise.

C'est cela... le drainage, parlez-moi du drainage... (A part.) Ça doit être long.

BOMBONNEL.

Oh! pas en ce moment, si vous le permettez... après le déjeuner nous aurons tout le temps.

MOUTONNET, vivement.

Justement! j'ai une faim!... après le déjeuner, parfaitement... nous serons plus à l'aise.

BOMBONNEL, lui tendant la main.

C'est dit, vous repasserez tantôt.

MOUTONNET, surpris.

Comment! (A part.) Il ne m'invite pas... Pingre!

BOMBONNEL.

Viens, Lucienne!... A propos du déjeuner, j'ai rencontré en route un petit jambonneau qui avait très bonne mine. (A Moutonnet.) Dites donc, j'ai rencontré un petit jambonneau...

MOUTONNET, lui tournant le dos.

Qu'est-ce que ça me fait?... (A part.) Il me parle de jambonneau et il ne m'invite pas!...

BOMBONNEL, à Lucienne.

J'ai dit qu'on l'envoie. Il faut que tu t'occupes du couvert avec Françoise. (Apercevant le bouquet apporté par Moutonnet.) Tiens! qu'est-ce que c'est que cela?

LUCIENNE.

Oh!... les jolies fleurs!

MOUTONNET, à Bombonnel.

C'est un bouquet que j'ai apporté pour la petite.

BOMBONNEL, sèchement.

La petite!... c'est sans doute de mademoiselle Lucienne ma fille, que vous voulez parler? (A part.) Il est un peu familier.

MOUTONNET, à Lucienne.

Mais ce n'est qu'un acompte, en attendant mieux...

BOMBONNEL.

Comment, en attendant mieux?

MOUTONNET.

Oui, j'ai l'intention, si vous le permettez, puisque mademoiselle se marie, de mettre quelques bibelots dans la corbeille.

BOMBONNEL.

Des bibelots!

MOUTONNET.

Oh! presque rien! des bijoux sans importance.

LUCIENNE, avec joie.

Des bijoux!

BOMBONNEL.

Pardon! pardon!...

MOUTONNET, vivement.

Quand on a conclu un marché, on offre des épingles... ce sont mes épingles.

BOMBONNEL, furieux.

Mais qui est-ce qui vous en demande, des épingles?... Nous n'en avons que faire, de vos épingles!... Des fleurs autant que vous voudrez, cela s'accepte... mais, pour le reste, ma fille ne recevra rien que de moi ou de son futur.

MOUTONNET.

Pourtant !

BOMBONNEL, insistant.

Rien que de moi, ou de son futur. (A Lucienne.) Allons, Lucienne! (Saluant Moutonnet.) Monsieur!... (A part.) La petite... des épingles... il est très familier, décidément.

LUCIENNE, saluant.

Monsieur!... (A part.) Des bijoux, c'est dommage!

Elle entre dans la cuisine avec Bombonnel.

SCÈNE V

MOUTONNET, puis SAVINIEN, puis FRANÇOISE.

MOUTONNET, furieux, regardant Bombonnel s'éloigner.

Ah çà! qu'est-ce qu'il lui prend?... M'empêcher de faire des cadeaux à cette enfant! Faux père, va!... (Montrant le poing dans la direction de Bombonnel.) Oui! tu n'es qu'un faux père... En attendant, me voilà avec mes cadeaux sur les bras... Et ils vont arriver d'un moment à l'autre à l'adresse de la petite... (Tirant sa montre.) Heureusement, j'ai encore le temps de les décommander par dépêche! Courons au télégraphe.

Il sort vivement par la gauche.

SAVINIEN, revenant par le fond.

J'ai confisqué les billes... C'est très lourd, mais c'est plus sûr. J'ai décidé Isaure à prendre le train d'une heure! (Mettant les billes dans ses poches.) J'ai un poids de moins... Quand je dis un poids de moins...

A ce moment, on entend un coup de pistolet dans la coulisse.

FRANÇOISE, accourant.

Ah! mon Dieu! qu'est-ce que c'est que ça?

Nouveau coup de pistolet.

SAVINIEN.

Allons bon!... voilà Gifflardin qui tire au pistolet, à présent. Ah çà! il ne sait donc qu'inventer!

Il sort en courant par le fond.

[FRANÇOISE.

Dépêchez-vous! le déjeuner est prêt. Je vais sonner la cloche.

Elle sonne une cloche placée à gauche, derrière la tente.

SCÈNE VI

FRANÇOISE, puis BOMBONNEL, LUCIENNE, RIFOLET, puis SAVINIEN.

BOMBONNEL, arrivant avec Lucienne.

Le déjeuner!... Dépêchons-nous, mon enfant!

RIFOLET, paraissant sur le perron *.

Ah! ah!... je vois que j'arrive à l'heure.

BOMBONNEL, allant à lui.

Monsieur Rifolet... et la santé?

RIFOLET.

Excellente, je vous remercie... Je viens de faire ma petite promenade ordinaire... vous savez, l'habitude des voyages, je ne me mettrais jamais à table sans avoir mes seize kilomètres dans les jambes!

* Lucienne, Bombonnel, Rifolet.

BOMBONNEL.

Oui ! hip ! hip ! hurrah !

RIFOLET.

Seulement, ces campagnes de la France, c'est d'un mo-
notone... pas d'air, pas d'espace, on y étouffe... Et puis, ça
manque d'imprévu !... ainsi, tout à l'heure, sur mon passage,
je rencontre un petit filet d'eau... Eh bien ! il y avait un
pont !... J'ai passé à côté, mais ça m'a gâté ma promenade.
(Se tournant vers Lucienne.) Mademoiselle ! (Il va lui baiser la main.)
Mais je n'aperçois pas mon fils !

LUCIENNE.

Ah ! le voici...

SAVINIEN, revenant par le fond, à part *.

J'ai confisqué aussi les pistolets. (Apercevant tout le monde.)
Fichtre ! (Il met vivement les pistolets sous son habit qu'il boutonne.) Monsieur Bombonnel, mademoiselle... papa...

RIFOLET.

C'est bon ! Offrez le bras à votre fiancée, qui ne vous a
pas encore vu de la matinée... Vous êtes froid, mon fils...

SAVINIEN, à part.

Et les Gifflardin qui réclament leur déjeuner à cor et à cris...
il faudra pourtant que je leur porte quelque chose.

Il offre son bras à Lucienne **.

FRANÇOISE, sortant de la cuisine.

Voilà l'omelette.

Elle va la porter sous la tente.

BOMBONNEL.

A table, alors !

* Lucienne, Bombonnel, Savinien, Rifolet.
** Lucienne, Savinien, Bombonnel, Rifolet.

TOUS.

A table !

Savinien entre à gauche avec Lucienne.

BOMBONNEL, prenant le bras de Rifolet et les suivant.

Nous allons avoir un petit jambonneau dont vous me direz des nouvelles.

RIFOLET.

Du jambonneau ! avez-vous quelquefois mangé de la bosse de bison ?

Ils sont tous entrés sous la tente. Françoise retourne à la cuisine.

SCÈNE VII

GIFFLARDIN, puis SAVINIEN, puis FRANÇOISE.

GIFFLARDIN, arrivant par le fond, il marche sur la pointe du pied.

J'ai entendu la cloche du déjeuner et Savinien ne reparaît pas... Je meurs de faim, tâchons de trouver la cuisine. (Aspirant l'air.) Oh ! oh ! on mange par ici...

SAVINIEN, sortant de la tente avec un pain et une bouteille de vin.

Ils doivent s'impatienter... je vais toujours leur porter ça. (L'apercevant *.) Comment ! vous ici !

GIFFLARDIN.

Dame, tu ne revenais pas, et tu sais, la faim fait sortir le loup...

SAVINIEN.

La faim ! la faim ! Je m'occupais de vous... Tenez, prenez ça, et allez-vous en !...

GIFFLARDIN.

Du pain et du vin ; c'est tout ?

* Savinien, Gifflardin.

FRANÇOISE, sortant de la cuisine avec un jambonneau sur une assiette *.

V'là le jambonneau!

GIFFLARDIN.

Un jambonneau. Voilà mon affaire.

Il s'en empare.

FRANÇOISE, stupéfaite.

Oh! le jambonneau de monsieur!

SAVINIEN.

Voulez-vous bien me rendre ça!...

GIFFLARDIN, se sauvant par le fond.

Laisse donc! laisse donc!

BOMBONNEL, dans la coulisse.

Françoise! le jambonneau!

FRANÇOISE, perdant la tête.

Voilà, monsieur!... (A part.) Qu'est-ce qu'il va dire?...

SAVINIEN, terrifié.

Quelle catastrophe!...

SCÈNE VIII

SAVINIEN, FRANÇOISE, BOMBONNEL.

BOMBONNEL, sortant de la tente **.

Eh bien! voyons, Françoise... ce jambonneau?

FRANÇOISE, qui n'a plus que le plat.

Mais...

* Savinien, Gifflardin, Françoise.
** Bombonnel, Françoise, Savinien.

BOMBONNEL.

Où est-il?

FRANÇOISE, balbutiant.

Je ne sais pas, monsieur; il était là... et puis...

BOMBONNEL.

Comment, vous ne savez pas?

FRANÇOISE, frappée d'une idée.

Ah!... (A Bombonnel.) C'est Médor!... (A Savinien.) Le chien!

SAVINIEN.

Mais oui, je le vois. Gredin de Médor!... Attends, va!

Il sort en courant par la droite.

BOMBONNEL, à Françoise, avec colère.

Médor!... Vous avez détaché le chien!... Vous n'en faites jamais d'autres! Vous savez pourtant comme il est voleur! (Courant derrière Savinien.) Ah! l'animal! il me le paiera!...

Il sort en brandissant sa serviette.

FRANÇOISE.

Pauvre Médor! c'est lui qui va étrenner!

On entend les cris du chien qu'on bat.

SCÈNE IX

FRANÇOISE, LUCIENNE, RIFOLET,
puis BOMBONNEL et SAVINIEN, puis MOUTONNET.

RIFOLET, sortant de la tente avec Lucienne *.

Ah çà! qu'arrive-t-il? quels sont ces hurlements?

* Lucienne, Rifolet, Françoise.

FRANÇOISE, riant aux éclats.

Ah! ah! si vous saviez, c'est le chien... Ah! ah! (Changeant de ton.) Pauvre bête!...

LUCIENNE.

Mais oui, c'est ce pauvre Médor!

BOMBONNEL, revenant tout rouge avec Savinien *.

Ce pauvre Médor qui s'est offert notre jambonneau!... Nous sommes arrivés trop tard, je n'ai pas même retrouvé l'os... (A Savinien.) n'est-ce pas?

SAVINIEN.

Ah! il a eu bientôt fait!

BOMBONNEL.

Et un air hypocrite, avec cela! Ma parole, on aurait dit qu'il ne savait pas de quoi on voulait lui parler.

LUCIENNE, avec reproche.

Et tu l'as battu, oh!

BOMBONNEL.

Qui sait, il fallait peut-être le féliciter.

RIFOLET.

Je vous approuve : il faut être sévère avec ses bêtes comme avec ses enfants.

BOMBONNEL.

Oui, mais ce n'est pas tout. (A Françoise qui est rentrée dans la cuisine et qui revient avec le café qu'elle place sur la table à droite.) Il sera privé de pâtée pendant huit jours, vous entendez? Après un festin semblable... (Allant à la table.) Avec tout ça, voilà notre déjeuner fini, nous allons prendre le café... (S'asseyant en bougonnant encore.) Gredin de Médor!

Lucienne, Rifolet et Savinien s'asseoient aussi.

* Lucienne, Rifolet, Bombonnel, Savinien.

MOUTONNET, revenant par la gauche. Il porte un gros bouquet qu'il
dissimule de son mieux derrière son dos, à part *.

Ma dépêche est partie, les cadeaux sont décommandés.
(S'avançant.) Pardon! je vous dérange.

RIFOLET.

Ah! le monsieur qui collectionne les landes!

BOMBONNEL, à part.

Encore lui!

MOUTONNET.

Je viens causer du drainage, comme c'est convenu.

BOMBONNEL, ennuyé.

Ah! c'est vrai...

MOUTONNET.

Mais auparavant, permettez-moi d'offrir à mademoiselle
(Démasquant son bouquet.) ce petit bouquet... des giroflées.

LUCIENNE, le prenant.

Oh! monsieur!

BOMBONNEL.

Comment! Encore!

MOUTONNET, vivement.

Vous avez autorisé les fleurs.

LUCIENNE, à Bombonnel.

Il est très galant!

BOMBONNEL, bas.

Trop, trop, enfin! (A Moutonnet.) Je vais être à vos ordres...
nous avons fini... Si vous voulez vous asseoir, vous allez
prendre le café avec nous.

MOUTONNET.

Merci! il m'est défendu... Je vous regarderai.

* Moutonnet, Lucienne, Rifolet, Savinien, Bombonnel.

4

BOMBONNEL.

A votre aise!

RIFOLET, se levant, à Moutonnet.

Vous avez tort, le café est un stimulant, il aide la locomo-
tion... celui-là est même un peu faible... Je vais y mettre du
poivre...

Il se lève et va à la cuisine dont il revient presque tout de suite, tenant
le moulin à poivre.

BOMBONNEL.

Tiens, Lucienne, du sucre?

LUCIENNE, tendant sa tasse.

Voilà, papa!

MOUTONNET, bondissant.

Comment! vous lui donnez du café!... Mais vous allez
l'agiter! Un tempérament si nerveux!...

BOMBONNEL.

Nerveux... Où avez-vous pris cela?

MOUTONNET.

Dame, j'en juge par moi, le café m'agite...

BOMBONNEL, furieux.

Vous, c'est possible, mais cela n'a aucun rapport. Lucienne tient de moi. Elle a du sang. Tiens, ma fille, en voilà
encore. (Lui reversant du café.) A-t-on jamais vu!

MOUTONNET, à part.

Et dire que je suis obligé de me taire!

BOMBONNEL, à part.

Ah çà! il se mêle de tout!...

FRANÇOISE, entrant de droite.

C'est des paquets qu'on apporte du chemin de fer!

RIFOLET, vivement.

Pour moi, sans doute. J'attends des bottes en peau de re-
quin...

FRANÇOISE.

Non, c'est pour mademoiselle Lucienne.

LUCIENNE, étonnée.

Pour moi !

TOUS.

Ah !...

Ils se lèvent à l'exception de Rifolet qui reste à la table, mettant du poivre dans son café et dans celui de Bombonnel. — Arrive un facteur du
chemin de fer chargé de paquets qu'il dépose sur une chaise au milieu
du théâtre *.

MOUTONNET, à part.

Sapristi ! mes cadeaux ! la dépêche n'est pas arrivée à
temps, Bombonnel va se mettre dans une colère ! Comment
me tirer de là ? (Apercevant le portefeuille de Savinien qui dépasse de la
poche extérieure de son habit.) Ah ! votre portefeuille ?

SAVINIEN.

Pourquoi faire ?

MOUTONNET, le lui prenant.

Ça ne vous regarde pas ! (A part.) Maintenant, vite une
carte.

Il tire une carte du portefeuille, et y écrit quelques mots à la hâte.

LUCIENNE, qui a ouvert un carton.

Oh ! un cachemire !

TOUS.

Un cachemire !

LUCIENNE.

Qui peut bien m'envoyer cela ?

* Moutonnet, Savinien, Françoise, Lucienne, Bombonnel, Rifolet.

MOUTONNET, s'approchant.

Il doit y avoir une carte. (Fouillant dans le carton.) Mais oui...
tenez !

Il tend à Lucienne la carte qu'il a prise à Savinien.

LUCIENNE, lisant.

De la part de M. Savinien Rifolet.

TOUS, se tournant vers Savinien *.

Ah !

RIFOLET, se levant.

Mon fils !

SAVINIEN, stupéfait.

Moi !

MOUTONNET, bas.

Oui ! taisez-vous !...

RIFOLET.

Mon fils envoie un cachemire !

SAVINIEN.

Mais...

MOUTONNET, vivement.

Si, si, ne faites donc pas le modeste, c'est votre carte !...

BOMBONNEL.

Ah ! mon gendre ! c'est bien, c'est très bien !

LUCIENNE, qui a ouvert d'autres cartons.

Et des dentelles, et des diamants !

SAVINIEN, à part.

Des diamants ! moi !

RIFOLET.

Et des vrais, des diamants de l'Oural !... mon fils envoie
des diamants de l'Oural !

* Savinien, Moutonnet, Françoise, au-dessus, Lucienne, Bombonnel, Rifolet.

SAVINIEN, à Moutonnet.

C'est trop fort! Je ne souffrirai pas...

MOUTONNET, bas.

Si, si, nous réglerons ça plus tard, à tempérament!

RIFOLET.

Ah çà! je n'en reviens pas. (A Savinien *.) Monsieur, comment avez-vous fait pour acheter tout ça? Répondez...

SAVINIEN, balbutiant.

Mais, papa... (A part.) Gueux de Moutonnet!

RIFOLET.

Ce n'est pas avec votre pension de cent francs par mois que vous avez pu faire toutes ces dépenses.

MOUTONNET, bas, à Savinien.

Vous donniez des répétitions.

SAVINIEN, à part.

Tiens! c'est une idée. (Haut.) Je donnais des répétitions...

TOUS, avec admiration.

Ah!

RIFOLET, presque ému.

Des répétitions!... Mon fils, c'est très bien! Je suis content de vous, et je vais vous en donner une preuve éclatante... Je vous autorise à m'embrasser.

SAVINIEN.

Mon père! (Il l'embrasse. A part.) Ce n'est que ça!...

BOMBONNEL, à Savinien.

Et, moi aussi je vais vous en donner une preuve..... je vous autorise à embrasser ma fille.

* Moutonnet, Savinien, Françoise, au-dessus, Rifolet, Bombonnel, Lucienne.

SAVINIEN, à Lucienne *.

Vous permettez !

LUCIENNE.

Oui !...

SAVINIEN, embrassant Lucienne, à part.

Très bonne l'idée de Moutonnet.

LUCIENNE.

Ah ! je suis si contente que je me laisserais embrasser par tout le monde.

MOUTONNET, s'avançant.

Même par moi ?

LUCIENNE, gaîment.

Même par vous !

MOUTONNET, l'embrassant, à part.

Doux moment !

RIFOLET, redescendant, à Lucienne **.

Vous avez dit par tout le monde.

Il l'embrasse.

SAVINIEN, bas, à Moutonnet.

Monsieur Moutonnet, nous aurons à causer.

MOUTONNET, de même.

Laissez donc ! laissez donc, à tempérament !

SAVINIEN, à part.

Mais c'est un ange cet homme-là !... ou un courtier.

LUCIENNE.

Maintenant, il s'agit d'emporter tout cela dans ma chambre, il va falloir qu'on m'aide...

* Moutonnet, Rifolet et Françoise, au-dessus ; Savinien, Lucienne, Bombounel.
** Moutonnet, Savinien, Françoise, Rifolet, Lucienne, Bombounel.

SAVINIEN.

Oui! oui! (Tirant sa montre, à part.) Midi vingt-cinq... Il est temps que j'expédie les Gifflardin... (Haut.) Que tout le monde s'y mette. (Donnant des cartons à Rifolet et à Moutonnet.) Papa, monsieur Moutonnet, monsieur Bombonnel?...

BOMBONNEL, allant à la table.

Un instant!... Je finis mon café... (Il boit et pousse un cri.) Ah! qu'est-ce que c'est que ça?...

RIFOLET, gravement.

Ce n'est rien! c'est du poivre...

BOMBONNEL.

Du poivre!... Il m'a mis du poivre!...

Il prend un paquet et se dirige vers la maison en toussant. Les autres le suivent à l'exception de Savinien.

SAVINIEN, resté seul.

Quel brave homme que ce Moutonnet!... Et obligeant! Il m'est très sympathique... Enfin, voyons, j'ai le champ libre!... (Allant au fond et appelant avec précaution.) Gifflardin! Gifflardin! Oui! il est l'heure! dépêchez-vous! (Revenant.) Enfin, ils se décident... ce n'est pas malheureux... Je ne serai tranquille que lorsqu'ils seront loin... (A Gifflardin qui arrive par le fond suivi d'Isaure.) Surtout pas de bruit!...

SCÈNE X

SAVINIEN, GIFFLARDIN, ISAURE.

GIFFLARDIN *.

Ça va mieux... J'ai bien déjeuné, le jambonneau était exquis... Maintenant nous pouvons partir...

* Savinien, Gifflardin, Isaure.

ISAURE.

Il le faut bien, puisqu'on nous renvoie...

GIFFLARDIN.

Vous exagérez, Isaure, il ne vous renvoie pas...

ISAURE.

Non... Il nous chasse!

SAVINIEN.

Oh! je proteste!... Seulement, vous savez, le train part à une heure; vous n'avez que le temps...

ISAURE, à part.

Il y a quelque chose et je le saurai... (Haut à Gifflardin.) Mon ami, allez en avant retenir nos places... Monsieur Savinien m'offrira bien son bras jusqu'à la gare...

GIFFLARDIN.

C'est une idée...

SAVINIEN.

Mais...

GIFFLARDIN, bas.

Voyons, tu ne peux pas lui refuser ça... Tu la contrecarres toujours, aussi!... (Haut.) C'est dit! Je cours en avant...

Il sort par la petite porte de gauche.

SAVINIEN, à part.

Il est désespérant!... (Offrant son bras à Isaure et voulant suivre Gifflardin.) Allons...

ISAURE, brusquement.

Non!...

Elle le retient.

SAVINIEN, cloué.

Ah!...

SCÈNE XI

SAVINIEN, ISAURE, puis MOUTONNET.

ISAURE *.

Maintenant, un mot... un seul...

SAVINIEN.

Un mot... Mais... ça vous fera manquer le train...

ISAURE.

Eh !... il y en a d'autres, des trains !... (A part.) Oh! il me
dira tout !... (Haut.) Savinien, avouez-le, nous vous gênons...

SAVINIEN.

Vous... Mais non... c'est-à-dire oui... Je vous ai dit pourquoi... à cause de mon oncle.

ISAURE.

Savinien ! j'ai toujours pensé que {la principale qualité
d'un homme était la franchise.

SAVINIEN, gêné.

Ah! (A part.) Flairerait-elle ?...

ISAURE.

Je suis femme à pardonner tout, à la condition qu'on me
dise la vérité, toute la vérité!

SAVINIEN.

Vous?

ISAURE.

Oui...

* Savinien, Isaure.

SAVINIEN, à part.

Où veut-elle en venir ?

ISAURE, avec émotion.

Nous nous sommes aimés, beaucoup aimés, tous les deux, mon ami...

SAVINIEN.

Oh! oui !

ISAURE.

Eh bien! vous viendriez me dire aujourd'hui : « Isaure, notre amour ne peut durer toujours...»

SAVINIEN, protestant.

Oh !

ISAURE, continuant.

« Vous êtes mariée... Notre chaîne est de celles que le monde réprouve... »

SAVINIEN.

C'est vrai !

ISAURE, même jeu.

« Moi, de mon côté, je dois songer à mon avenir... j'ai un père... »

SAVINIEN.

Oui.

ISAURE.

« Et il a le droit d'exiger de moi un sacrifice, qui devra toujours avoir lieu un jour ou l'autre... »

SAVINIEN, avec une émotion feinte.

Isaure !

ISAURE, très calme.

Vous me diriez tout cela, mon ami, doucement, simple-

ment, comme je viens de le dire à vous-même... Eh bien
je ne vous en voudrais pas...

SAVINIEN.

Vrai?

ISAURE.

Pas du tout!...

SAVINIEN.

Non? c'est sérieux?

ISAURE.

Oh!... très sérieux...

SAVINIEN.

Eh bien! Isaure, ce que vous faites prouve en votre fa-
veur... Je vous avais mal jugée!... Vous êtes une femme
d'élite! Et je répondrai à vos nobles procédés par une franchise absolue... (Très léger.) Je me marie!

ISAURE, éclatant.

J'en étais sûre!... Monstre!... scélérat! infâme! et il ose
me le dire!...

SAVINIEN, effaré.

Mais c'est vous qui me le demandez!... On ne trompe pas
les gens comme ça!...

ISAURE.

Ah! c'est indigne! c'est affreux!... c'est!... Ah!...

Elle s'évanouit dans ses bras.

SAVINIEN, la soutenant.

Allons, bon!... la voilà qui s'évanouit!...

MOUTONNET, sortant de la maison *.

Qu'est-ce que je vois?...

* Savinien, Isaure, Moutonnet.

SAVINIEN.

Voyons, Isaure !... (Désolé.) Et le mari qui nous attend à la gare! Le train qui va partir à une heure cinq... Quelle situation!... (Voyant Moutonnet.) Ah! (Il lui met Isaure dans les bras.) Tenez, prenez ça... je vais chercher du vinaigre...

Il sort par la droite, deuxième plan.

SCÈNE XII

MOUTONNET, ISAURE puis GIFFLARDIN.

MOUTONNET.

Hein?... Qu'est-ce que c'est que cela? (A Isaure.) Madame!... Elle ne répond pas! Ah! mais... je ne peux pourtant pas rester avec une femme évanouie sur les bras... (Voyant Gifflardin qui revient par la petite porte de gauche *.) Ah! (Il lui met Isaure dans les bras.) Tenez, prenez ça, je reviens...

GIFFLARDIN.

Hein ? (De sa main restée libre, il retient Moutonnet.) Un instant!.. Monsieur, me direz-vous comment ma femme, que j'attends à la gare depuis dix minutes, se trouve ici, évanouie entre vos bras?

MOUTONNET.

Ah!... c'est votre femme? ma foi, monsieur, je n'en sais rien... Je passais... ça m'est arrivé comme à vous...

GIFFLARDIN, soupçonneux.

Ah!... ça vous est arrivé... Enfin, nous verrons, monsieur, nous verrons... Mais il s'agit d'abord de la faire revenir à elle... Aidez-moi à la transporter chez moi.

MOUTONNET, surpris.

Chez vous?

* Gifflardin, Isaure, Moutonnet

GIFFLADINR.

Dans la salle de billard... C'est là que je loge...

MOUTONNET, à part, tandis qu'il emporte Isaure avec Gifflardin.

Ils logent dans le billard... qu'est-ce c'est que ce ménage-là?

SCÈNE XIII

SAVINIEN, puis MOUTONNET.

SAVINIEN, revenant avec une burette.

J'ai fini par mettre la main sur le vinaigre... Eh bien?...
Où est-elle? Qu'est-ce qu'il en a fait ?

MOUTONNET, revenant, à part *.

Une femme!... Est-ce que ce Savinien serait un farceur?...
nous allons voir...

SAVINIEN, l'apercevant.

Ah! le voici... (Allant à lui.) Qu'avez-vous fait de la dame
que je vous ai confiée?...

MOUTONNET.

Je l'ai rendue à son mari... Il est dans la salle de billard,
en train de la délacer... Je devenais indiscret...

SAVINIEN, à part.

Dans la salle de billard!... Bon!... les voilà réinstallés :
c'est un sort!...

MOUTONNET, l'examinant à part.

Décidément, il m'inspire de la méfiance!... Ah! mais! un
instant!... C'est qu'il y va du bonheur de ma fille !... Et un
gendre choisi par Bombonnel... Oh! oh! scrutons-le... (Haut
à Savinien.) Comme cela nous avons donc uneintrigue ?

* Moutonnet, Savinien.

SAVINIEN, avec mystère.

Chut!... Oui!...

MOUTONNET.

Avec une petite femme mariée?

SAVINIEN, avec un air de satisfaction.

Oui...

MOUTONNET, à part.

Chenapan!

SAVINIEN.

Seulement, vous savez, pas un mot... Je vous dis cela à vous parce que vous m'avez l'air d'un bon enfant.

MOUTONNET.

Oh! vos confidences ne peuvent pas mieux s'adresser...

SAVINIEN, le prenant par l'épaule.

Parbleu!... sans ça...

MOUTONNET, à part.

Oui!... Va!... va!... (Haut.) Et il y a longtemps que cela dure?

SAVINIEN.

Dame! un peu plus de trois ans...

MOUTONNET.

Trois ans!...

SAVINIEN.

Depuis que papa m'a installé à Paris où je faisais soi-disant mon droit...

MOUTONNET.

Soi-disant!... (A part.) Ah!... ah!... ah!...

SAVINIEN.

C'était son idée fixe à cet homme, d'avoir un avocat pour fils, je n'ai pas voulu le contrarier...

MOUTONNET.

Mais vous n'êtes pas avocat?

SAVINIEN.

Non!... Il ne manquerait plus que ça !

MOUTONNET, à part.

Parfait! parfait!... (Changeant de ton.) Mais c'est un simple serpent!... (Haut.) Ainsi, l'école de droit ?

SAVINIEN, riant.

L'école de droit?... Connais pas !...

MOUTONNET, riant aussi.

Ah !... (A part.) Parfait!... parfait!...

SAVINIEN, gaiement.

Ce que je connais bien, par exemple, ce sont les endroits où l'on rit, où l'on s'amuse, où l'on soupe, où l'on danse... Eh ! allez donc !...

MOUTONNET, scandalisé, l'imitant. Il passe.

Eh ! allez donc !... (A part.) J'arrive à temps !

SAVINIEN, le prenant encore par l'épaule *.

Voilà, mon petit père !... sur ce, je reprends la gravité que commande ma profession et je cours rejoindre la douce fiancée qui doit embellir mon existence !...

MOUTONNET, changeant de ton.

Votre fiancée!... Elle ne l'est plus, monsieur !...

SAVINIEN, surpris.

Hein ?

* Savinien, Moutonnet.

MOUTONNET.

Ah ! vous venez me raconter que vous avez des maîtresses,
que vous passez votre vie dans les endroits où l'on soupe...
Eh ! allez donc !... Et vous vous imaginez après cela que je
vais vous donner ma fille !...

SAVINIEN.

Comment, votre fille !...

MOUTONNET, avec éclat.

Ça ne vous regarde pas !... (Continuant.) Vous vous imaginez
que je vais vous laisser tranquillement épouser une inno-
cente et délicieuse jeune fille dont vous feriez le malheur...
Non pas !... Tout est rompu !...

SAVINIEN, éclatant de rire.

Ah! ah !... Vous les faites bien, vous !...

MOUTONNET, lui prenant le bras.

Je ne ris pas ! vous entendez ? je ne ris pas ! (Apercevant
Rifolet qui paraît sur le perron.) Du reste, voici votre père qui va
connaître toute votre conduite.

SAVINIEN, effrayé.

Sapristi !... pas de bêtises !

SCÈNE XIV

LES MÊMES, RIFOLET.

RIFOLET *.

Arrivez donc, Savinien... votre future réclame votre bras
pour aller faire un tour de promenade...

* Savinien, Moutonnet, Rifolet.

MOUTONNET.

Sa future !... N'y comptez plus !... Ce mariage n'aura pas lieu !

RIFOLET.

Hein ?

SAVINIEN, à part.

Il est enragé !

MOUTONNET.

Savez-vous ce que c'est que votre fils ? C'est un petit gueux, qui a des maîtresses, qui n'a jamais fait son droit et qui n'est pas avocat !...

RIFOLET, bondissant.

Pas avocat !...

MOUTONNET.

Et vous, vous êtes un père dindon !... Voilà ce que j'ai à vous dire...

RIFOLET.

Un père dindon !... Monsieur !... (Allant à Savinien *.) Est-ce vrai ?...

SAVINIEN, l'oreille basse.

Papa...

MOUTONNET.

Il vient de me l'avouer à la minute...

RIFOLET, avec un geste.

Oh !... vous n'êtes pas mon fils !

MOUTONNET.

Vous comprenez qu'après un pareil scandale vous n'avez plus qu'à faire vos paquets tous les deux !...

* Savinien, Rifolet, Moutonnet.

RIFOLET, dignement.

Il suffit, monsieur, je n'ai pas d'ordre à recevoir de vous. (A Savinien.) Je vous croyais mûr, vous ne l'êtes pas... Je me suis trompé, c'est bien...

SAVINIEN.

Mais...

RIFOLET.

Silence !... Vous partirez avec moi pour la Terre de Feu !...

SAVINIEN, désolé.

La Terre de Feu !...

MOUTONNET.

La Terre de Feu ! bravo !

RIFOLET, furieux.

Je n'ai pas d'ordre à recevoir de vous!... (A Savinien.) En attendant, rentrez dans votre chambre...

SAVINIEN.

Mon père !...

RIFOLET, avec un geste.

Allez !...

MOUTONNET, de même.

Allez !...

SAVINIEN, montant le perron, à part.

Oh ! lui qui avait l'air d'un si bon enfant.

Il entre dans la maison, Rifolet le suit.

SCÈNE XV

MOUTONNET, BOMBONNEL, LUCIENNE.

MOUTONNET, seul.

Maintenant, il s'agit d'annoncer cette exécution à Bombonnel... Comme père de notre fille, il faut qu'il soit averti... (Bombonnel et Lucienne arrivent par le fond.) Ah ! le voici...

BOMBONNEL, à Moutonnet *.

Vous n'avez pas vu Rifolet et son fils ?

MOUTONNET.

Si !... ils sont en train de faire leurs malles..

BOMBONNEL et LUCIENNE.

Leurs malles ?

MOUTONNET.

Oui, je viens de les mettre à la porte...

BOMBONNEL et LUCIENNE.

Comment, à la porte !...

MOUTONNET.

Parfaitement... Le mariage est rompu...

LUCIENNE.

Rompu !...

BOMBONNEL.

Et par qui ?

MOUTONNET.

Par moi... Ce gendre-là ne m'allait pas !

* Moutonnet, Bombonnel, Lucienne.

BOMBONNEL, furieux.

Il ne vous allait pas!... Ah ça! de quoi vous mêlez-
vous?... A-t-on jamais vu !

MOUTONNET.

Comment! de quoi je me mêle?... mais il faut bien que
je m'en mêle !... puisque vous êtes complètement incapable...

BOMBONNEL.

Incapable, monsieur !...

MOUTONNET.

Incapable! je le maintiens !... Sans moi, savez-vous ce que
vous alliez faire ?... vous alliez donner m... (Se reprenant.)
votre fille à un petit monsieur qui a une maîtresse...

LUCIENNE.

Une maîtresse?

BOMBONNEL.

Savinien, une maîtresse !...

MOUTONNET, bas à Bombonnel.

Oui... je l'ai vue... une femme mariée... Du reste, son
père sait tout, vous pouvez aller le lui demander...

LUCIENNE, fondant en larmes.

Une maîtresse!... Ah! papa! papa!...

BOMBONNEL.

Allons, bon!... ma fille qui pleure!... (A Moutonnet.) C'est
votre faute ! avec votre manie de vous mêler de tout. (A part.)
Qu'est-ce que c'est que cet homme-là? (Haut à Lucienne.)
Voyons, ne pleure pas, mon enfant... Je t'en trouverai un
autre si celui-là n'est pas possible...

MOUTONNET, s'approchant.

Oui... je vous en trouverai un autre...

BOMBONNEL.

Nous t'en trouverons... (Repoussant Moutonnet.) Mais je n'ai pas besoin de vous !...

LUCIENNE.

Que je suis malheureuse !

MOUTONNET, à Bombonnel, le bourrant.

Faites-lui donc entendre raison...

BOMBONNEL, avec colère.

Je n'ai pas d'ordre à recevoir de vous. (A Lucienne.) Allons, viens ! rentrons... ne pleure plus...

MOUTONNET.

Ne pleure plus !...

BOMBONNEL, furieux.

Si !... pleure, si tu veux !...

Il emmène Lucienne.

LUCIENNE, se laissant entraîner.

Quant à ses cadeaux, tu les lui rendras !

MOUTONNET.

Lui rendre les cadeaux ! ah ! mais non !

LUCIENNE.

Si ! si !... je n'en veux plus !...

Elle entre dans la maison avec Bombonnel.

SCÈNE XVI

MOUTONNET, puis RAMAJOU.

MOUTONNET, resté seul.

C'est égal !... j'ai joliment bien fait d'arriver ! Ce Bom-

bonnel est d'un nul !... sans moi, il n'y voyait que du feu...
Il sacrifiait l'enfant...

RAMAJOU, entrant par la petite porte de gauche avec un panier de livres.

M. Bombonnel?

MOUTONNET, qui lui tourne le dos *.

Il est occupé...

RAMAJOU.

C'est que j'apporte le reste des livres...

MOUTONNET.

Des livres... Quels livres ?

RAMAJOU.

Les livres qui sont dans la bibliothèque et que je lui ai
vendus hier...

MOUTONNET, se retournant et le prenant au collet.

Hier ?... vous lui avez vendu les livres qui sont dans la
bibliothèque du salon ?...

RAMAJOU.

Oui, monsieur...

MOUTONNET, avec fièvre.

Tous ?

RAMAJOU.

Tous !... il n'en avait pas un seul...

MOUTONNET, à part.

Ah ! mon Dieu ! qu'est-ce qu'il dit ?... (Il se pâme dans les bras
de Ramajou. — Se redressant aussitôt et le prenant par le bras.) Le Lamartine ?

RAMAJOU, effrayé.

Mais...

* Ramajou, Moutonnet.

MOUTONNET, le secouant.

Répondez !... le Lamartine ?...

RAMAJOU.

Le Lamartine comme les autres...

MOUTONNET, atterré, le lâchant *.

Ah !... mais alors Lucienne...

RAMAJOU, sans comprendre.

Quoi ? qu'est-ce qu'il a ?

MOUTONNET, avec éclat.

Ce n'était pas ma fille !...

RAMAJOU.

Il est fou !

MOUTONNET.

Et depuis hier je m'occupe d'elle comme si elle m'appartenait... je passe des nuits blanches, j'achète des bouquets, je romps des mariages, je me fourre cent mille francs de landes sur les bras, et tout ça pour rien !... (Frappé d'une idée.) Mais ce Lamartine ! Il existe, lui ! je l'ai vu ! je ne me suis pas trompé ! et alors... (Courant à Ramajou qu'il reprend au collet.) Réponds-moi ! ces livres... (Le secouant.) ces livres que tu as vendus hier...

RAMAJOU, étranglé.

Ah !... vous m'étouffez !

MOUTONNET.

C'est vrai ! il ne pourrait pas répondre... (Le lâchant, avec douceur.) Voyons !... ils te viennent de quelqu'un ! De qui ? Dis ! de qui ?

RAMAJOU, pouvant à peine parler.

Eh bien ! je les ai achetés dans une vente, chez M. Rifolet.

* Moutonnet, Ramajou.

MOUTONNET.

Rifolet!... il a dit Rifolet!... Mais alors... Savinien!... et moi qui viens de le mettre à la porte!... ah! (Il s'affaisse à gauche pendant que Ramajou tombe à droite sur une chaise.) Qu'ai-je fait?

FRANÇOISE, entrant par la droite.

Ah çà! qu'est-ce qu'ils ont? (Courant de l'un à l'autre.) Monsieur! monsieur!...

ACTE TROISIÈME

Une grande antichambre. — Au fond, porte vitrée, sur le jardin. — Portes à droite et à gauche. Un buffet au fond à droite. Sur les murs, armes de chasse en panoplie, une petite table, quelques chaises ; un porte-cannes et parapluies.

SCÈNE PREMIÈRE

BOMBONNEL, puis **GIFFLARDIN,** puis **FRANÇOISE.**

Au lever du rideau, la scène est vide un instant.

BOMBONNEL, entrant par la droite et appelant.

Françoise ! Françoise !

FRANÇOISE, du dehors, à gauche.

Monsieur ?

BOMBONNEL.

L'infusion de camomille de ma fille...

FRANÇOISE, du dehors.

Oui, monsieur... tout de suite !...

BOMBONNEL.

Dépêchez-vous. (Revenant en scène.) Lucienne est encore souffrante. Depuis ce qui s'est passé, elle en est à sa troisième attaque de nerfs... La camomille la calmera... Et dire que

c'est ce Moutonnet qui est cause de tout... Un homme qu'on
ne connaît pas !... En voilà un qui aurait bien dû rester
chez lui. Nous étions si tranquilles. Ah çà ! Françoise n'en
finit pas... Je vais retourner près de Lucienne.

*Il entre dans la chambre de Lucienne, à droite. Au même moment, Gif-
flardin paraît par le fond ; il s'avance avec mille précautions.*

GIFFLARDIN.

Personne ! Isaure ne va pas mieux. Sa crise s'accentue...
Je me suis risqué jusqu'ici pour tâcher de voir la bonne. (Il
s'assure qu'on ne peut pas le surprendre.) Singulière aventure ! Je
trouve ma femme évanouie dans les bras d'un inconnu ! et,
depuis ce moment, le délire ne la quitte pas !... Oh ! son se-
cret lui échappera... je le cueillerai sur ses lèvres, et alors...
alors on me verra à l'œuvre. En attendant, elle demande un
calmant. Le tilleul lui réussit beaucoup, si je pouvais parve-
nir jusqu'à la bonne. (A ce moment Françoise paraît à gauche, deuxième
plan, une tasse à la main ; l'apercevant.) Ah ! la voici !

FRANÇOISE *.

Tiens ! vous êtes encore ici, vous ?

GIFFLARDIN, apercevant la tasse.

Qu'est-ce que tu portes là ?

FRANÇOISE.

De la camomille, pour mademoiselle.

GIFFLARDIN.

De la camomille, c'est un calmant ?

FRANÇOISE.

Pour les femmes du monde... Moi, j'en ai pris un jour
que j'avais mes nerfs... ça n'agit pas sur les bonnes...

GIFFLARDIN.

Donne...

Il veut lui prendre la tasse.

* Françoise, Gifflardin.

FRANÇOISE, se défendant.

Ah !... mais non !

GIFFLARDIN.

Donne donc !...

Il la lui prend de force.

FRANÇOISE.

Ah çà, il prend tout ! Voulez-vous me la rendre !

BOMBONNEL, au dehors.

Françoise !

FRANÇOISE.

Bon !... voilà monsieur !

GIFFLARDIN.

L'oncle de Savinien.

Il disparaît par le fond.

BOMBONNEL, revenant par la droite *.

Eh bien ! Françoise, cette tisane ?

FRANÇOISE, troublée.

La tisane ?... je ne sais pas... Elle était là tout à l'heure...
et puis...

BOMBONNEL.

Vous n'allez pas me dire que c'est Médor, cette fois... Elle
n'est pas encore prête ?

FRANÇOISE.

Si, monsieur... elle bout !

BOMBONNEL.

Eh bien ! allez la chercher... Elle va se sauver !

FRANÇOISE.

Oui, monsieur. (A part.) Il a raison, elle se sauve... (En s'en
allant.) Je vais en refaire...

Elle sort par la gauche, deuxième plan.

* Françoise, Bombonnel.

BOMBONNEL, seul.

Lucienne va mieux, j'espère que cela ne sera rien... Un bon somme, il n'y paraîtra plus... Laissons-la dormir... (Rifolet arrive par la gauche, deuxième plan.) Rifolet !... Comment !... il n'est pas encore parti !...

SCÈNE II

BOMBONNEL, RIFOLET.

RIFOLET, allant à Bombonnel [*].

Monsieur Bombonnel, vous êtes sans doute étonné de me voir encore céans ?

BOMBONNEL.

En effet, monsieur, après ce qui s'est passé...

RIFOLET.

Oui... je devrais être parti ; mais, comme j'emmène Savinien avec moi à la Terre de Feu, cela m'a retardé et je me trouve obligé de demeurer encore deux heures ici, si vous consentez, bien entendu, à m'accorder l'hospitalité.

BOMBONNEL.

Monsieur Rifolet, le père n'est pas responsable des sottises du fils... Je vous réponds donc : Restez !... Vous dînerez avec moi avant de vous mettre en route.

RIFOLET.

Merci... Mais d'abord, je veux avoir avec mon fils, un entretien qui lui prouvera qu'un père dindon et moi ça fait deux.

[*] Rifolet, Bombonnel.

BOMBONNEL, avec joie.

Ah ! ah !... Dites donc, est-ce que je puis rester ?

RIFOLET.

Certainement, nous serons trois. (Ouvrant la porte de gauche,
Premier plan.) Sortez, monsieur.

SCÈNE III

LES MÊMES, SAVINIEN.

SAVINIEN, sortant la tête basse.

Mon père !...

RIFOLET, à Savinien *.

Monsieur, votre valise est-elle faite ?

SAVINIEN.

Pas encore tout à fait, mon père...

RIFOLET.

Ne m'appelez pas votre père !...

BOMBONNEL, à Rifolet.

Bien !...

SAVINIEN.

Mais...

RIFOLET.

Ne répliquez pas.

SAVINIEN.

Pourtant...

RIFOLET.

Assez.

* Rifolet, Savinien, Bombonnel.

BOMBONNEL, à Rifolet.

Très bien, continuez... vous y êtes !... (A Savinien.) Il y est, votre père.

RIFOLET.

Monsieur, après votre conduite...

BOMBONNEL, soufflant.

Infâme !

RIFOLET.

Infâme !.. j'allais le dire... qui met en péril les jours d'une jeune fille...

BOMBONNEL, soufflant.

Charmante !...

RIFOLET.

Charmante !... j'allais le dire...

SAVINIEN.

Mon Dieu !... Lucienne !

RIFOLET, sévère.

Ne prononcez pas ce nom.

BOMBONNEL, sévère.

Ne le prononcez pas !

SAVINIEN.

Oh !

RIFOLET, reprenant.

Après une telle conduite, monsieur, votre éducation est à refaire... Vous ne vous étonnerez donc pas que je ne vous traite pas comme un homme, mais comme un enfant !

BOMBONNEL, insistant.

Comme un moutard !...

RIFOLET.

Et d'abord, comme il faut s'attendre à tout avec vous, je

vous prierai de me remettre les valeurs que vous pouvez avoir sur vous... Votre porte-monnaie?...

SAVINIEN.

Hein !...

BOMBONNEL.

Votre porte-monnaie !

SAVINIEN, tirant son porte-monnaie de sa poche.

Voilà.

BOMBONNEL.

Confisqué !

RIFOLET.

Votre montre?...

SAVINIEN.

Mais...

BOMBONNEL.

Votre montre !

SAVINIEN, même jeu.

Voilà...

BOMBONNEL.

Confisquée !

RIFOLET.

Vos boutons de manchettes?

SAVINIEN, tendant ses bras.

Voilà. (Ils lui retirent chacun un bouton. A part.) Devant lui, quelle humiliation !...

BOMBONNEL.

Confisqués !

RIFOLET.

Ils sont en or, je vous en donnerai d'autres en simili-nacre... Vous ne pourrez pas les vendre. Et maintenant nous

partons dans deux heures... je compte que vous serez prêt...
Moi, je vais dîner.

BOMBONNEL, à Savinien.

Avec moi... Le père n'est pas responsable des sottises du
fils...

RIFOLET.

Quant à vous, comme vous ne pouvez rester à jeun, on
vous enverra du pain sec et de l'eau. M. Bombonnel ne peut
pas vous refuser cela : c'est ce qu'on doit à tout le monde.

BOMBONNEL.

J'y ajouterai même le sel... ce qu'on ne refuse même pas
à un pauvre... (Insistant.) à un pauvre.

Ils se dirigent vers la gauche, deuxième plan.

SAVINIEN, à Rifolet.

Mon père !

RIFOLET.

Je vous ai défendu de m'appeler votre père.

SAVINIEN.

Mais...

RIFOLET.

Ne répliquez pas !

SAVINIEN.

Pourtant...

RIFOLET.

Assez !

BOMBONNEL.

Il suffit.

Rifolet et Bombonnel sortent d'un même mouvement par la gauche, deuxième
plan.

SCÈNE IV

SAVINIEN, puis MOUTONNET.

SAVINIEN, resté seul.

Oh ! je bisque ! je bisque ! Et Lucienne !... Lucienne qui est malade par ma faute ! Mais non ! par celle de ce Moutonnet qui m'a lâchement dénoncé... Ah ! en voilà un, si je le tenais... Oh ! si je le tenais, j'éprouverais un certain plaisir à le casser en petits morceaux !..

MOUTONNET, paraissant au fond.

Le voilà... mon fils... car cette fois le doute n'est plus possible... J'ai un fils !... *Filius* !...

SAVINIEN, se retournant [*].

Comment ! c'est vous !...

MOUTONNET.

Oui !... ne bougez pas !... (A part.) Qu'il est beau ! il me ressemble... C'est tout moi à vingt ans... Pas tout à fait aussi gras, mais ça viendra.

SAVINIEN.

Mais, monsieur..,

MOUTONNET.

Ne bougez pas !... (A part.) Et l'œil intelligent ! Oh ! celui-là je ne peux pas le renier.

SAVINIEN [**].

Dites donc, quand vous aurez fini de m'examiner ?...

[*] Savinien, Moutonnet.

[**] Moutonnet, Savinien.

MOUTONNET.

J'ai fini, j'ai fini! (A part.) Un fils!... *Filius!*... Comme j'aime mieux ça qu'une fille!... C'est plus mâle!

SAVINIEN.

Monsieur Moutonnet, j'étais en train de penser à vous.

MOUTONNET.

Ah! cher enfant!

Il s'avance pour l'embrasser.

SAVINIEN.

N'approchez pas... n'approchez pas!... Je vous mords!

MOUTONNET, s'arrêtant.

Bien!... bien!... (A part.) Quel feu! quel élan! Comme j'aime mieux ça qu'une fille!

SAVINIEN.

Je me disais que je voudrais bien vous tenir dans un petit coin pour vous casser en petits morceaux.

MOUTONNET, à part.

En petits morceaux!... Il veut casser son père en petits morceaux! (Haut, avec bonté.) Eh bien! casse, mon enfant... casse, si ça t'amuse...

SAVINIEN.

Comment? il me tutoie! ·

MOUTONNET.

Fais ce que tu voudras, ne te gêne pas. Je n'ai rien à te refuser...

SAVINIEN.

Ah çà! je vous prie de ne pas me tutoyer...

MOUTONNET.

C'est vrai! il ne sait pas... Tu ne sais pas...

SAVINIEN.

Quoi?

MOUTONNET.

Rien... Je ne peux pas te le dire... mais ça ne fait rien,
parle-moi, dis-moi quelque chose, des injures, si tu veux...
que j'entende le son de ta voix !

SAVINIEN, passant *.

Il est fou !... Tenez, monsieur, vous me pousseriez à des
extrémités !... j'aime mieux m'en aller.

MOUTONNET.

Non ! non ! reste... reste encore un peu, je t'en prie...

SAVINIEN.

Laissez-moi, je vous déteste !

Il rentre dans sa chambre dont il referme vivement la porte.

SCÈNE V

MOUTONNET, puis FRANÇOISE.

MOUTONNET.

Il est superbe !... c'est un lion... je suis enchanté, enchanté, enchanté !... Cher enfant !... Il me déteste, mais ça
m'est égal... plus il me déteste maintenant, plus il m'ai-
mera plus tard !... En attendant, il s'agit de réparer toutes
mes maladresses. Et, pour commencer, je vais le raccom-
moder avec Lucienne... Ça ne sera pas difficile, ces petites
filles, ça n'a pas de rancune... Voyons !... où est-elle?...

FRANÇOISE, qui est entrée avec une nouvelle tasse de tisane à la main, se
heurtant contre Moutonnet **.

Ah ! vous m'avez fait peur !... Un peu plus je renversais
la tisane de mademoiselle.

* Savinien, Moutonnet.
** Françoise, Moutonnet.

MOUTONNET.

Sa tisane... elle est malade?

FRANÇOISE.

Oui... d'avoir pleuré... Oh! l'amour!... Elle est dans sa chambre.

MOUTONNET, à part.

Quelle idée!... (Haut.) Françoise!...

FRANÇOISE.

Monsieur?...

MOUTONNET, voulant lui prendre la tasse.

Donne-moi ça.

FRANÇOISE.

Hein! lui aussi?... Oh! non, par exemple! on me l'a déjà prise une fois... (A part.) C'est une manie qu'ils ont!

MOUTONNET.

Tu ne veux pas me la donner?

FRANÇOISE.

Jamais de la vie!

MOUTONNET.

Eh bien!... vends-la moi?

FRANÇOISE.

Que je vous vende ma tisane!... (Riant) Ah! bien!... ah! bien!... (Redevenant sérieuse.) Combien?

MOUTONNET.

Vingt francs!...

FRANÇOISE.

Oh!

MOUTONNET.

Quarante!...

FRANÇOISE.

Allez toujours !...

MOUTONNET.

Quatre-vingts !...

FRANÇOISE.

Cent !...

MOUTONNET.

Adjugé !

FRANÇOISE.

Prenez-la !... (Moutonnet lui donne l'argent. — A part.) Je dirai qu'elle l'a bue... ça sera la même chose. (En sortant.) La place devient excellente.

Elle rentre à gauche, deuxième plan.

SCÈNE VI

MOUTONNET, LUCIENNE.

MOUTONNET, sa tasse à la main.

C'est cher, mais c'est un moyen d'entrer en matière... (Il se dirige vers la porte de droite et frappe.) Mademoiselle ! mademoiselle !

LUCIENNE, sortant de sa chambre.

Qu'y a-t-il ? (Apercevant Moutonnet, avec colère *.) Comment ! cet affreux M. Moutonnet !

MOUTONNET, à part.

Cet affreux M. Moutonnet ! Elle me déteste aussi ! (Haut, la retenant.) Voyons, je vous apporte votre tisane... buvez,

* Moutonnet, Lucienne.

6

pendant qu'elle est bien chaude, ça vous fera du bien...

Il lui présente la tasse.

LUCIENNE.

Allons, donnez...

Elle prend la tasse.

MOUTONNET, pendant qu'elle boit.

Mademoiselle, je profiterai de l'heureux hasard qui nous réunit, pour plaider auprès de vous la cause d'un grand coupable.

LUCIENNE.

Quel coupable?...

MOUTONNET, timidement.

Savinien.

LUCIENNE, s'arrêtant de boire, avec colère.

Savinien! Si c'est pour me parler de M. Savinien!...

MOUTONNET, vivement.

Ne vous fâchez pas, vous allez avaler de travers. (Avec intérêt.) Est-elle assez sucrée?...

LUCIENNE.

Oui...

MOUTONNET, goûtant la tisane avec la cuillère.

Oui!... ah! tant mieux!... tant mieux. (Lucienne se remet à boire, revenant à son sujet.) Dites donc, il se repent.

LUCIENNE, s'arrêtant.

Encore!...

MOUTONNET.

Non... non!... vous renversez... Une tisane qui coûte si cher !... Buvez à petites gorgées... là... (Revenant à son sujet.) Il est bien malheureux... allez !

LUCIENNE, froidement.

Monsieur! j'ai fini... je vous remercie et vous salue.

Elle remonte et va poser la tasse sur le buffet au fond.

MOUTONNET, à part.

Fichtre!... elle est butée!... brusquons, brusquons! (Courant à la porte de Savinien, qu'il ouvre.) Venez vite! elle est là!

SCÈNE VII

Les Mêmes, SAVINIEN, puis FRANÇOISE.

SAVINIEN, se montrant.

Lucienne!

LUCIENNE, se retournant.

Savinien!...

MOUTONNET, bas à Savinien *.

Mettez-vous à genoux et demandez pardon.

SAVINIEN, s'agenouillant.

Voilà... (Haut.) Mademoiselle...

MOUTONNET, le soufflant.

C'est le cœur bourrelé de remords que je viens..

SAVINIEN, répétant.

C'est le cœur bourrelé de remords que je viens...

Lucienne redescend à droite, Moutonnet pousse Savinien qui la suit à genoux.

MOUTONNET, soufflant.

Implorer votre clémence et demander votre généreux pardon...

SAVINIEN, répétant.

Implorer votre clémence et demander votre généreux pardon...

Il se relève.

* Montonnet, Savinien, Lucienne.

MOUTONNET, à Lucienne, avec feu [*].

Vous l'entendez, mademoiselle!... je ne lui fais pas dire.

LUCIENNE.

C'est inutile, monsieur, tout à fait inutile, je ne serai jamais la femme d'un jeune homme qui a eu une maîtresse...

MOUTONNET.

Une maîtresse!... une maîtresse!... qui est-ce qui a dit ça?

LUCIENNE.

Comment, qui est-ce qui a dit ça?... Mais c'est vous!...

MOUTONNET.

Moi!... alors je le retire!... je le retire, c'est bien simple!... Et puis, en supposant, ça n'est pas une affaire... il est nécessaire qu'un homme en ait eu au moins deux ou trois petites... ainsi, moi qui vous parle, j'en ai eu... j'en ai eu à revendre.

LUCIENNE.

Mais, monsieur...

MOUTONNET.

Je vous demande pardon, mademoiselle, mais les circonstances l'exigent... (Suivant son idée.) Savinien, lui, n'en a eu qu'une... c'est peut-être regrettable... Mais enfin, il faut lui pardonner... je vous conseille de passer par là dessus...

SAVINIEN.

Oui! passez par là dessus!

LUCIENNE.

C'est trop fort... (A Moutonnet.) Vous disiez le contraire tantôt.

[*] Savinien, Moutonnet, Lucienne.

MOUTONNET.

Tantôt, je n'avais pas les mêmes raisons!... Mais depuis,
j'ai changé d'avis.

LUCIENNE.

Eh bien! moi, je ne change pas... (Avec colère.) Une maîtresse... non, jamais!...

Elle remonte.

SAVINIEN, avec Moutonnet.

Vous voyez!...

MOUTONNET, indigné.

Cette petite manque de cœur!

FRANÇOISE, entrant par la gauche, deuxième plan, avec un plateau où
sont un verre d'eau et un morceau de pain.

Monsieur Savinien, voilà ce que M. Rifolet vous envoie
pour votre dîner : du pain et de l'eau !...

MOUTONNET, bondissant.

Du pain et de l'eau!

LUCIENNE.

Oh !...

FRANÇOISE.

Il a dit que c'est grandement assez !...

Elle va poser le plateau sur la table à droite *.

MOUTONNET.

Assez... pour aller jusqu'à la Terre de Feu. (A Lucienne.) Et
vous supporterez cela, mademoiselle?... Vous souffrirez que
dans la maison de votre père, on pratique l'hospitalité
d'une façon aussi mesquine?

SAVINIEN, avec fierté.

Laissez... laissez! Du moment que mademoiselle est sans
pitié...

Il va s'asseoir à la table.

* Savinien, Lucienne, au fond; Moutonnet, Françoise.

FRANÇOISE, passant *.

Oh ! mademoiselle! Ce pauvre jeune homme!... ça me remue...

MOUTONNET, à Lucienne.

Ça remue une étrangère... une simple servante... et vous!...

LUCIENNE, vaincue.

Eh bien! non! (Courant à Savinien qui porte le pain à sa bouche.) Arrêtez !

MOUTONNET et FRANÇOISE, avec joie.

Ah !

LUCIENNE.

Françoise, est-ce qu'il n'y a pas quelques petites choses dans ce buffet?

FRANÇOISE.

Oui, mademoiselle, du pâté et du bordeaux.

MOUTONNET, avec expansion.

Du pâté et du bordeaux! Et tu ne le disais pas... Nous sommes sauvés... Donne vite...(Ils courent tous les trois au buffet, Moutonnet en rapporte le pâté qu'il place devant Savinien, tandis que Françoise lui met une serviette et que Lucienne apporte une bouteille **.) Ne vous occupez de rien... La!... mangez... ne vous privez pas...

Il le fait manger.

SAVINIEN, la bouche pleine.

Merci...

MOUTONNET.

Allez toujours... allez... Est-ce bon?...

SAVINIEN.

Oui; seulement, vous m'étouffez.

* Françoise, Lucienne, Moutonnet, Savinien.
** Lucienne, Savinien, assis; Françoise, au-dessus; Moutonnet.

MOUTONNET.

Ça ne fait rien, ne vous privez pas... (A Lucienne.) Hein ! il est beau quand il mange ! Maintenant, buvez !... (Avec joie.) Ah ! je renais ! A présent, mes enfants... la paix est faite...

LUCIENNE.

Oh ! je n'ai pas dit !...

SAVINIEN.

Alors, je reprends mon pain sec.

Il se lève et passe *.

LUCIENNE, courant à lui.

Non, non...

MOUTONNET, s'approchant.

Voyons ! embrassez-vous...

SAVINIEN, suppliant.

Lucienne !...

LUCIENNE, avec hésitation.

Mais...

FRANÇOISE.

Ne vous faites donc pas prier ; au fond, vous en mourez d'envie.

LUCIENNE, s'approchant.

Allons !

SAVINIEN, avec élan.

Ah !

Il l'embrasse.

MOUTONNET.

Enlevé... (A Savinien.) Eh bien ! qu'est-ce que vous en dites ?

SAVINIEN, avec effusion.

Ah ! mon bon Moutonnet !

* Savinien, Lucienne, Moutonnet. Françoise.

MOUTONNET, à part.

Son bon Moutonnet!... (A Françoise.) Ah! Françoise!...

Dans la joie, il l'embrasse.

FRANÇOISE, s'échappant.

Oh! monsieur! (A part.) Décidément elle devient excellente, la place...

Elle reprend le plateau et sort par la gauche, deuxième plan.

LUCIENNE, à Moutonnet.

Oui, mais vous ne pensez pas à une chose... il reste papa... il n'a pas pardonné, papa.

MOUTONNET.

Votre père!... Bombonnel!... ça n'est rien du tout... Il ne compte pas... c'est un zéro!... je m'en charge, je le tiens par ses landes... Les landes, c'est ma force! (A Lucienne.) Allez me le chercher, je demande cinq minutes pour le retourner comme un gant...

LUCIENNE, gaiement.

Oh! je cours...

Elle sort par la gauche, deuxième plan.

MOUTONNET, à Savinien.

Vous, rentrez dans votre chambre et laissez-moi faire...

SAVINIEN, radieux.

Oui, oui... je rentre... mon bon Moutonnet... oh! je vous aime, à présent!

Il rentre à gauche, premier plan.

SCÈNE VIII

MOUTONNET, puis ISAURE.

MOUTONNET, seul.

Il m'aime!... je le disais bien qu'il m'aimerait. Allons...
allons! je regagne du terrain... l'horizon s'éclaircit... Reste
Bombonnel. (Se boutonnant.) Je l'attends de pied ferme.

ISAURE, accourant très agitée par le fond. — A part.

Savinien, où est-il? Il faut que je lui parle!

MOUTONNET, à part.

Cette femme ici!... Dans un pareil moment!

ISAURE, l'apercevant *.

Ah! quelqu'un!... (Allant à lui.) M. Savinien, je veux le
voir.

MOUTONNET.

Le voir!

ISAURE.

A l'instant! sur-le-champ!... Il le faut!... il le faut absolument!...

MOUTONNET.

Cette agitation. (Avec éclat.) Savinien court un danger?

ISAURE.

Il y va de sa vie, monsieur!

MOUTONNET.

De sa vie!... Allons, bon!... autre chose, à présent!... Ah!
parlez, madame, parlez!

* Moutonnet, Isaure.

ISAURE.

Mais..

MOUTONNET.

Parlez donc !... vous voyez bien que je bous !

ISAURE.

A vous, non, je ne vous connais pas.

MOUTONNET.

Erreur, madame, erreur... nous nous connaissons... je vous ai eue sur les bras.

ISAURE.

Vous?

MOUTONNET.

Moi!... Tantôt, au moment de votre évanouissement... c'est un titre.

ISAURE.

C'est vrai.

MOUTONNET.

Et puis il s'agit de Savinien... vous pouvez me parler comme à son père !

Il l'embrasse.

ISAURE, à part.

Cet homme a des effluves qui m'attirent et me domi-nent! (Haut.) Eh bien! tout à l'heure, dans l'exaltation où j'étais, il m'est échappé des paroles imprudentes que mon mari a entendues.

MOUTONNET, emporté.

Vous avez parlé devant votre mari !... On n'est pas bête à ce point-là !

ISAURE, blessée.

Monsieur !

MOUTONNET.

Je vous demande pardon... Mais comme je vous ai eue
sur les bras... Alors, il sait tout ?...

ISAURE.

Non, pas tout, heureusement... Il n'a pu comprendre
qu'une chose, c'est qu'il s'agit du futur de mademoiselle
Bombonnel.. Mais, d'un instant à l'autre, il va venir ici
demander son nom et alors...

MOUTONNET.

Il est terrible, n'est-ce pas ?

ISAURE.

Oh ! oui !... Ah ! monsieur ! que faire? que faire ?

MOUTONNET.

Que faire ?... Je n'en sais rien !... Mais, en attendant, il
ne faut pas que vous restiez ici... votre présence est un dan-
.ger de plus... vous compliqueriez la situation... Allez-vous
en bien vite !

ISAURE *.

Je m'en vais, monsieur, je m'en vais !... Mais vous le sauverez, n'est-ce pas ?... Vous le sauverez. (Prise d'une faiblesse.)
Ah !

MOUTONNET, la retenant.

Non !... non !... Ne vous trouvez pas mal... vous compliqueriez encore bien davantage...

ISAURE, se redressant.

C'est vrai !...

MOUTONNET.

Tenez, cette porte... Partez par la cuisine... Et tâchez de
retenir votre mari le plus longtemps possible !

* Isaure, Moutonnet.

ISAURE.

Oui ! oui !...

Elle se sauve par la gauche, deuxième plan.

SCÈNE IX

MOUTONNET, puis LUCIENNE et BOMBONNEL.

MOUTONNET, seul.

Le tuer !... Un enfant que j'ai depuis si peu de temps et que j'ai eu tant de peine à me procurer !... Oh ! jamais, par exemple !... Je me sacrifierais plutôt moi-même !... Oui, moi-même !... Mais, comment ?...

LUCIENNE, paraissant au fond.

. Je vous l'amène...

MOUTONNET, sans comprendre.

Qui ça ?...

LUCIENNE.

Comment, qui ça ?... Papa... Pour que vous rarrangiez mon mariage avec Savinien.

Elle sort un moment.

MOUTONNET, seul.

Le mariage !... C'est vrai... Je leur ai promis... Mais ça ne se peut plus, maintenant !... Il ne faut plus que le nom de Savinien soit prononcé... Au contraire, il faudrait qu'il y en eût un autre... (Frappé d'une idée.) Un autre !... (Avec explosion.) Ah ! j'ai trouvé !... Comme cela, c'est ma poitrine qui va s'offrir à Gifflardin...

LUCIENNE, revenant et amenant Bombonnel par la main *.

Viens donc, père chéri...

* Bombonnel, Lucienne, Moutonnet.

BOMBONNEL.

Pourquoi faire ?

LUCIENNE.

C'est monsieur qui veut te parler...

BOMBONNEL.

Lui !... (A Lucienne.) Mais tu sais bien que je ne peux plus
le voir en face...

LUCIENNE.

Si ! si !... je t'en prie... Il a des choses de la plus grande
importance à te dire... Je sais ce dont il s'agit et j'y sous-
cris d'avance... (Haut.) Allons ! je vous laisse... (Bas à Moutonnet.) Je compte sur vous...

MOUTONNET.

Soyez tranquille.

Lucienne rentre à droite dans sa chambre.

SCÈNE X

MOUTONNET, BOMBONNEL, puis FRANÇOISE.

BOMBONNEL, le regardant, à part *.

Je ne peux plus le voir en face !... (Haut.) Monsieur...

MOUTONNET.

Monsieur.... (A part.) Comment vais-je lui dire ça ?

BOMBONNEL.

Monsieur, je ne peux plus vous voir en face, mais ma fille
veut que je vous écoute... Je n'ai rien à lui refuser...
Allez !...

* Bombonnel, Moutonnet.

MOUTONNET.

Mon Dieu !... c'est bien simple... je... (A part.) Il va re-gimber...

BOMBONNEL.

Allez donc !... je vous attends... Nous disons qu'il s'agit de choses de la plus grande importance...

MOUTONNET·

Oh ! de la plus grande importance... Pas précisément...

BOMBONNEL.

Comment, pas précisément ?...

MOUTONNET.

Oui... Rien du tout...

BOMBONNEL, furieux.

Rien du tout !... C'est pour rien du tout que vous m'avez dérangé ?... C'est trop fort !... Est-ce que j'ai l'air d'un homme qu'on dérange pour rien du tout ?...

MOUTONNET.

Non... mais... (A part.) Ça n'est pas commode...

FRANÇOISE, entrant par le fond, une carte à la main *.

Ce monsieur demande à parler à monsieur.

BOMBONNEL, lisant.

« Gifflardin ! »

MOUTONNET, à part.

Le mari, déjà !...

FRANÇOISE.

Il dit que c'est pour un renseignement... Il n'a pas l'air content, même... Il se promène comme un ours...

MOUTONNET, qui est allé regarder au fond.

Mais oui !... c'est lui !... Il arpente !...

____

* Françoise, Bombonnel, Moutonnet.

BOMBONNEL.

Gifflardin, connais pas !... Enfin... Faites entrer...

MOUTONNET.

Entrer ! Par exemple !... (Se mettant en travers de la porte, à Françoise *.) Je vous le défends !...

BOMBONNEL.

Hein ?

MOUTONNET.

Vous ne le recevrez pas ! J'étais là avant lui, nous avons à causer.

BOMBONNEL.

Mais vous venez de me dire que ce n'était rien du tout !

MOUTONNET.

Ce n'est pas une raison !... J'étais là avant lui, je ne cède pas mon tour.

BOMBONNEL.

Quel caractère !... (A Françoise.) C'est bien... Priez ce monsieur d'attendre un instant. (Rageant.) Priez-le d'attendre !...

Françoise sort.

MOUTONNET, ramenant brusquement Bombonnel sur le devant de la scène **.

Maintenant, monsieur Bombonnel, nous n'avons pas un moment à perdre !... J'ai l'honneur de vous demander la main de votre fille...

BOMBONNEL, surpris.

Vous avez dit?

MOUTONNET.

J'ai dit que j'ai l'honneur de vous demander la main de votre fille !... (A part.) Ça y est !...

* Françoise, Moutonnet, Bombonnel.

** Moutonnet, Bombonnel.

BOMBONNEL.

Pour qui ?

MOUTONNET.

Comment, pour qui ?... Pour moi.

BOMBONNEL, bondissant.

Pour vous !... (Avec calme.) Eh bien ! je devais m'y attendre...

MOUTONNET, étonné.

Hein ?

BOMBONNEL.

De la part d'un homme comme vous, on doit s'attendre à toutes les extravagances...

MOUTONNET.

Monsieur !...

BOMBONNEL.

Ah çà ! vous ne vous êtes donc jamais regardé ? La main de ma fille avec un physique comme le vôtre !...

MOUTONNET.

Un physique !... Il ne s'agit pas du physique... il s'agit du cœur...

BOMBONNEL.

Du cœur ?

MOUTONNET.

Oui, du cœur... Nous nous aimons !... (A part.) Tant pis !...

BOMBONNEL, stupéfait.

Comment, Lucienne !...

MOUTONNET.

Elle est folle de moi...

BOMBONNEL.

Allons donc !..

MOUTONNET.

Ne vient-elle pas de vous dire là, à l'instant même, qu'elle
savait ce dont il s'agissait et qu'elle y souscrivait d'avance?...

BOMBONNEL, convaincu.

C'est vrai !... Eh bien ! je n'en reviens pas !

MOUTONNET.

Moi non plus, mais c'est comme ça...

BOMBONNEL.

Elle a un drôle de goût... Je sais bien que moi, jeune
fille...

MOUTONNET.

Il n'est pas question de vous !...

BOMBONNEL, à part.

Et dire que je ne m'apercevais de rien !...

FRANÇOISE, revenant *.

Ce monsieur s'impatiente... Il piaffe...

MOUTONNET.

Eh ! laisse-le piaffer !

FRANÇOISE.

Mais...

MOUTONNET, allant à elle.

Veux-tu t'en aller, ou je t'étrangle !...

FRANÇOISE, effrayée.

Ah !...   Elle se sauve.

MOUTONNET, retournant à Bombonnel **.

Eh bien, monsieur Bombonnel?...

* Moutonnet, Bombonnel, Françoise.
** Bombonnel, Moutonnet.

BOMBONNEL.

Eh bien, je verrai, je pèserai...

MOUTONNET.

Nous n'avons pas le temps de peser... Dites oui !

BOMBONNEL.

Pourtant, comme père...

MOUTONNET.

Je ne vous demande pas vos observations !

BOMBONNEL, à part.

Comme il me parle !...

MOUTONNET.

Eh bien ! voyons !...

BOMBONNEL, à part.

Après tout, puisque Lucienne le veut... Et puis, je ne serai pas fâché, à cause de ce petit Savinien...

MOUTONNET, le secouant.

Consentez-vous, à la fin ?...

BOMBONNEL, à part.

Comme il me parle !... (Haut.) Eh bien ! oui ! (Avec fureur.) Oui ! la !... je consens !... A-t-on jamais vu !...

MOUTONNET, à part.

Enfin !... Gifflardin peut arriver, maintenant ! (Haut.) Recevez ce monsieur. (A part.) Je suis prêt...

BOMBONNEL.

Un instant... Je veux d'abord m'offrir une petite satisfaction. (Allant à la porte de Savinien qu'il ouvre.) Monsieur Savinien?...

MOUTONNET

Hein?... Qu'est-ce que vous faites?

BOMBONNEL.

Laissez!... Je veux lui apprendre moi-même cette petite nouvelle.

MOUTONNET, voulant l'arrêter.

A lui!... Mais pas du tout!... Eh bien! par exemple, il ne manquerait plus que ça! (Voyant paraître Savinien.) Allons, bon!...

SCÈNE XI

LES MÊMES, SAVINIEN.

SAVINIEN, arrivant timidement *.

Monsieur Bombonnel, vous m'avez appelé?

MOUTONNET, vivement.

Non! non!

BOMBONNEL.

Mais si!... Approchez, jeune homme... approchez sans crainte...

SAVINIEN, à part.

L'œil est bon... Moutonnet lui a parlé... (Envoyant des baisers à Moutonnet par derrière Bombonnel.) Oh! merci! merci!

BOMBONNEL, bas, à Moutonnet.

Vous allez voir sa tête...

MOUTONNET, bas.

Mais sapristi, non!... Ne lui dites rien!...

BOMBONNEL.

Si! si! laissez!... (A Savinien.) Jeune homme, je viens d'avoir

* Savinien, Bombonnel, Moutonnet.

avec M. Moutonnet une conversation des plus amicales au sujet de ma fille.

SAVINIEN.

Ah!.. Et vous avez consenti?...

BOMBONNEL.

Parfaitement...

SAVINIEN.

Oh!...

Il va pour lui sauter au cou.

BOMBONNEL, désignant Moutonnet.

Je vous présente mon gendre.

SAVINIEN.

Lui!...

MOUTONNET, à part.

Animal!... (Vivement.) Oh! pas tout à fait...

BOMBONNEL.

Comment, pas tout à fait!... Je ne vous ai pas donné un petit morceau de main!... je vous l'ai donnée tout entière!...

SAVINIEN.

A lui?

BOMBONNEL.

Certainement! (Bas, à Moutonnet.) Hein? vous la voyez, sa tête?

MOUTONNET, furieux.

Que le diable vous emporte!

SAVINIEN, à Moutonnet *.

Comment! vous avez fait ça! Eh bien! elles sont jolies, vos protestations d'amitié!... Vous me dites que vous allez travailler pour moi... Et pas du tout! C'est pour vous!

* Bombonnel, Savinien, Moutonnet.

MOUTONNET.

Mais non! mais non... ça a l'air, mais...

SAVINIEN, ne l'écoutant plus.

Je comprends tout maintenant : les landes, les bouquets...

BOMBONNEL.

C'est vrai... Les épingles...

SAVINIEN.

Et cette corbeille de mariage que vous m'avez forcé d'accepter...

BOMBONNEL.

La corbeille!... Ah bah! c'était lui!... Et moi qui ne m'apercevais de rien!...

SAVINIEN.

Tenez! vous n'êtes qu'un faux bonhomme!

MOUTONNET, blessé au cœur.

Oh!

SAVINIEN.

Vous ne savez qu'inventer pour me faire du mal!

MOUTONNET.

Ah!

SAVINIEN.

Vous êtes mon mauvais génie!

MOUTONNET.

Son mauvais génie!...

SAVINIEN.

Oui, mon mauvais génie!... Et je vais...

BOMBONNEL, avec joie, à part.

Il va lui flanquer une pile! (Haut.) Hardi! hardi, la!

SAVINIEN, fondant en larmes.

Ah! que je suis malheureux!

Il se laisse tomber sur une chaise.

BOMBONNEL, désappointé.

Il mollit!...

MOUTONNET.

Il pleure!... Je le fais pleurer à présent!... (Courant à lui.)
Savinien!...

A ce moment, on entend la voix de Gifflardin.

GIFFLARDIN, en dehors.

Laissez-moi, madame!...

MOUTONNET, s'arrêtant.

Gifflardin!... C'est vrai!...

SCÈNE XII

Les Mêmes, GIFFLARDIN, ISAURE.

ISAURE *.

Mon ami, je vous en prie, pas d'éclat!

GIFFLARDIN.

Laissez-moi, vous dis-je!... Je sais ce que j'ai à faire.

Il la repousse et entre.

ISAURE.

Ah! je tremble!

GIFFLARDIN.

M. Bombonnel, s'il vous plaît?

* Bombonnel, Gifflardin, Isaure, Savinien, Moutonnet.

BOMBONNEL, à part.

Qu'est-ce que c'est que ces gens-là? (Haut.) C'est moi, monsieur.

GIFFLARDIN.

Monsieur, excusez-moi... Je me suis lassé d'attendre... Il s'agit d'un simple renseignement... Je désirerais connaître le nom de votre futur gendre, nous avons un compte à régler ensemble.

SAVINIEN, dressant l'oreille.

Hein?...

ISAURE, voulant intervenir.

Mon ami!... Je vous en prie...

GIFFLARDIN.

Laissez-moi, madame!

MOUTONNET, à part.

Consommons le sacrifice. (Haut, s'avançant.) C'est moi, monsieur!

ISAURE, avec joie.

Lui!... (A Moutonnet.) Oh! merci *!...

SAVINIEN, qui s'est levé, à part.

Ah je comprends tout.

GIFFLARDIN.

Lui!... Je m'en doutais! (Avec menace.) Monsieur!

MOUTONNET, à part.

Il va me tuer! (Il offre sa poitrine.) Allez!

BOMBONNEL.

Un drame chez moi!... (A part.) Au fait, il va peut-être m'en débarrasser.

* Bombonnel, Gifflardin, Moutonnet, Isaure, Savinien.

GIFFLARDIN, à Moutonnet.

Monsieur, voici ma carte... nous nous reverrons.

MOUTONNET, à part.

Un duel! ça me va mieux. (Haut.) Voici la mienne...

GIFFLARDIN, à Isaure.

Et maintenant, approchez, madame... Vous connaissez mes principes : votre bras, bonne amie... (Saluant.) Messieurs... Ah! pardon... monsieur Bombonnel, vous trouverez huit accrocs à votre billard.

BOMBONNEL.

Hein?... huit accrocs!...

GIFFLARDIN.

Mais je suis un galant homme... je vous enverrai mon tapissier... (A Moutonnet en passant.) J'attends vos témoins!...

Il sort avec Isaure. — A ce moment Lucienne sort de sa chambre.

SCÈNE XIII

BOMBONNEL, MOUTONNET, SAVINIEN,

LUCIENNE, puis RIFOLET

et FRANÇOISE.

SAVINIEN, bas à Moutonnet *.

Mais il vous tuera!...

MOUTONNET, de même.

Laissez!... Élève de Gâtechair... Il en sera quitte pour une simple égratignure.

* Bombonnel, Moutonnet, Savinien, Lucienne.

BOMBONNEL.

Ah çà! qu'est-ce que c'est que ce ménage-là?

MOUTONNET.

Vous n'avez pas deviné?... un mari jaloux qui me pour-
suit depuis hier et dont je cherchais par tous les moyens à
me débarrasser... même en compromettant ce cher garçon...

BOMBONNEL.

Comment, Savinien?

MOUTONNET, poussant Lucienne vers Savinien.

Est le gendre qu'il vous faut!...

LUCIENNE, avec joie.

Ah! Savinien!... (Allant à Bombonnel *.) Papa!...

SAVINIEN, bas à Moutonnet.

C'est grand... c'est noble!...

MOUTONNET, à part.

C'est père!...

RIFOLET, entrant, suivi de Françoise qui porte son bagage **.

Monsieur, la voiture vous attend pour vous conduire au
railway... Apprêtez-vous à me suivre...

LUCIENNE.

Non pas, je le garde.

RIFOLET, surpris.

Hein?

BOMBONNEL.

Nous le gardons.

LUCIENNE.

Et dans quinze jours la noce!

---

* Bombonnel, Lucienne, Savinien, Moutonnet.
** Bombonnel, Lucienne, Rifolet, Savinien, Moutonnet, Françoise, au-dessus.

RIFOLET.

Dans quinze jours!... Permettez! ma cabine est retenue
à bord du *Duguay-Trouin*... Le *Duguay-Trouin* n'attend pas.
j'aurai le regret de ne pas assister à la cérémonie.

TOUS.

Oh!

RIFOLET.

Mais je ferai des vœux pour votre bonheur.

BOMBONNEL.

C'est ça... de loin... par correspondance.

MOUTONNET, à part.

Il s'en va! J'aime autant ça.

RIFOLET.

Ah!... j'oubliais... (S'approchant de Savinien.) Monsieur, voici
vos valeurs... Et maintenant... (Il l'embrasse. A Lucienne.) Mademoiselle!... (Il l'embrasse également.) La! j'ai fait mon devoir..

Il passe à Bombonnel.

FRANÇOISE, s'approchant de Savinien, la main ouverte.

Alors, monsieur est heureux?

SAVINIEN.

Oh! oui. (Lui donnant un billet.) Tiens, Françoise...

FRANÇOISE, avec joie.

Encore cent francs!

SAVINIEN, bas à Moutonnet *.

Mon bon Moutonnet!...

LUCIENNE.

Mon bon monsieur Moutonnet...

* Bombonnel, Rifolet, Lucienne, Moutonnet, Savinien, Françoise.

SAVINIEN.

Comment reconnaître jamais...?

MOUTONNET.

Je vous dirai ça plus tard... (A part.) Je serai grand-papa!

FIN

Imprimerie générale de Châtillon-sur-Seine. — Jeanne Robert.

www.ingramcontent.com/pod-product-compliance
Ingram Content Group UK Ltd.
Pitfield, Milton Keynes, MK11 3LW, UK
UKHW022047070726
13613UKWH00002B/720